穿过岁月的竹篱
找到心动的方向

幸福与忧伤

凯风自南 著

春草集

夏花集

秋月集

冬雪集

中央党校出版集团

大有书局

图书在版编目（CIP）数据

幸福与忧伤 / 凯风自南著 . —北京：大有书局，2024.1

ISBN 978-7-80772-170-3

Ⅰ . ①幸… Ⅱ . ①凯… Ⅲ . ①诗集 – 中国 – 当代 Ⅳ . ① I227

中国版本图书馆 CIP 数据核字（2024）第041536号

书　名	幸福与忧伤
作　者	凯风自南　著
策划编辑	李瑞琪
责任编辑	吴春艳
责任校对	李盛博
责任印制	袁浩宇
出版发行	大有书局 （北京市海淀区长春桥路6号　100089）
综 合 办	（010）68929273
发 行 部	（010）68922366
经　销	新华书店
印　刷	北京盛通印刷股份有限公司
版　次	2024年1月北京第1版
印　次	2024年1月北京第1次印刷
开　本	145毫米 ×210毫米　1/32
印　张	15.25
字　数	100千字
定　价	52.00元

本书如有印装问题，可联系调换，联系电话：（010）68928947

序言

诗，灵魂的舞蹈

诗歌是反映社会生活的特有文学体裁。我国古体诗已经达到无人能及的高度，随着社会的开放和进步，现代诗创作也呈现出旺盛蓬勃的气象，反映了我国经济发展和社会文明所带来的诗歌创作的激情和活跃。

诗歌是一个时代的印记和标识，根植于历史的大脉动之中。脱离了时代背景的诗歌创作，必将缺乏生机活力，其创作源泉的枯竭，也会导致诗歌变成无病呻吟和隔靴搔痒。在伟大的新时代，诗歌不能缺席。诗歌创作的多样化状态，反映了社会的包容宽容、创作生态自然和书写者意气风发的精神状态。我曾在《诗魂》中这样讴歌了诗歌的地位及其创作的土壤：

人生的全部秘密
浓缩在淬炼的诗行里
诗的高度，文化的高度
当诗进入你的脑海
足够了，爱，即便仇
寻觅，诉说和记忆
在这个思维空间里
江河孕育积淀的文明

高雅高贵高级起来
包括空间，包括时间
包括伟大的作品

没有诗的国度
终究缺乏灿烂的色彩
诗歌，最高的段位
进入了你的叙事
笔尖能流淌出
升华的精神和气质
无关冷暖，无关贫富
唯有响彻空中的诗行
拥有诗，一切站立
沉浸于春夏秋冬中
以诗的名义前行

诗性是诗歌爱好者自带的创作气质和心灵深处的热切冲动。每一首诗看似信手拈来，实则是创作者思维灵感的酝酿和爆发。脱离生活体验的苦思冥想，写出来的东西终究干瘪，缺乏灵动和性情。诗歌是语言最为闪光的表现形式，是作者情感和修养的集中裸露，采取隐喻暗喻，还是平铺直叙，都是某一时间节点选择的最为恰当的表现形式。诗人雪莱在《诗辩》中借对培根著作的敬慕有一篇著名的阐发。雪莱认为，“培根勋爵是一位诗人，他的语言有一种甜美与庄严的节奏，这满足我们的感官，正如他的哲理中近乎超人的智慧满足我们的智力那样；他的文章的调子，波澜壮阔，冲击你心灵的局限，带着你的心一齐倾泻，涌向它永远与之共鸣的宇宙万象”，这应该是诗歌该有的位置吧！在《面前的诗》中，我把自己的写作过程用近乎迷恋的纯情写了出来：

这些诗，是迎着朝霞落日和温暖的月光
身临其境写出来的，每个字都凝聚着温度
你能读下去，证明我们前生今世有缘
我是如此深情地爱你，让我们在这里相遇
此时，也许我在山顶上欣赏蓬勃的日出
也许在河边打着水漂，或把鱼钩刚刚放下
也许正看着一树青绿陶醉于书本之间
也许你已经把我忘记，悠闲地在草原牧歌
也许偶尔想念我，驿动着泪盈笑意丛生
也许你久仰我的大名，也许我们从未谋面
也许生活已走到过去，忘了我们曾经临风站立
也许不知我来自哪个星球，不知是不是同行
也许我已与人世话别，离开了亲爱的你们
离开了带来一生幸福，欢愉开心的生活
美丽的花草，还有不能忘却的忧伤和不舍
这没关系，能看到你面前的诗已经足够
这是我时代的记忆，也是我们相识的见证
我们重逢在这里，再一次一起仰望星空

挽手进入新纪元，甚至更遥远的未来
爽意的阳光雨露普照，没有忧伤痛苦
我老之又老，活在你悠远多彩的影像里
迎着夕阳拾贝，在冰河里优雅地飞翔
我们已不能相忘，成为一见如故的神交

诗歌是一种永恒的文化符号，古今中外，诗歌都占有特殊和神圣的位置，缺少诗歌的国度就像被雨水打湿翅膀的雄鹰难以舒展地飞翔。我在《冬雪集》中，描述了对诗歌充满敬意的体验。在《精神的池塘》中写道：

诗总是不经意间
真实地对现实作答
纹理深不可测
像高大高远的虹
或激昂，或低沉
或直接，或隐晦
一泓精神汪洋的池水
丰盈着，纯粹着
荡起湿湿漉漉的影像
昂扬地展现在那里
看到了明媚的山路
看到了悦目的波浪
看到了红花和野草

看到了天人一体

同样觉得，当代诗歌的创作不论如何升华，都离不开诗歌的传承，而这种传承已经摆脱了地域和民族的局限，成为一种全人类共享的璀璨文化。在这里，我用古体诗《年轮》向我们伟大的诗歌文明致敬：

岁月有痕月无痕
清风吹落一苔门
抬眼悦然浮云上
低头看见花厘神
月明掩去莲生津
蕉下犹有蕉下人
堂客清清原为客
炊烟臬臬碧月魂

也特别致敬了美国著名诗人沃尔特·惠特曼，我在写作《春草集》时，受到了他的写作风格和写作技巧的重要启发和影响，从集名也可以看出，我有意与他的诗集《草叶集》取了相似的名字，以向他致敬。我在《草叶》诗中直截了当地表达了这种敬慕：

纪念一个值得尊敬的诗人
过去，现在，未来，毫不违和

宏大叙事，巍峨粗犷的印记
草叶的力量，洒脱的力量
满书泥草和本真，欢歌如天籁
浸润在大气磅礴的诗行中
横贯中西，文明思想的链接
与奇妙的知更鸟通灵

找寻有着强韧意志的草叶
裸露健硕的肌体，光彩照日月
掩书拍遍栏杆，轮廓明朗
浩渺的宇宙空间多么局促狭小
容不得我们大幅度转身眺望
在历史的开阔地遍种丁香和罗兰
一起在花团锦簇的麦浪上行走
给这个星球一个美好说辞

不仅如此。惠特曼的诗歌创作深植于他“行万里路”的人生跋涉和社会体验之中，使他的诗具有了不同于其他诗者的时代足音和历史厚度。我在另一首《他的旅行》中，描绘了惠特曼的创作历程：

200年前，一个行者的足迹
男女，宇宙，自然，海洋，生死
诗打开崭新的疆域，直截了当

借喻隐喻暗喻，谈天说地的自由
窥见直抒胸臆的洒脱，快感
跟随你踏青，跋山，涉水，宿营
完成了400多次旅程，仿佛昨天
有雄壮，有哲理，有颂扬，有谩骂
布满自由，平等，正直，公平
你洒脱的笔触，穿透时空，今昔
同样以诗的名义，感受创作的逍遥
新诗风的开辟，和你一见如故
初春的味道遇见，听到赤烈的呼喊
有的火热，有的消沉，有的晦涩
有的浪漫，有的真实，有的虚幻
伟大的叙事，鲜活的灵魂舞蹈
一位思考者和历史的传承者
致以生与死，白与黑，主体与客体
现实与理想，男人与女人的敬意

诗歌是伴随社会发展逶迤而行的，它是思维方式最为鲜活灵动的表达。当人们面对一个更加简便和平铺直叙的世界时，复杂的创作技巧和情感的跌宕起伏越来越需要以更加简明的形式表现出来，这衍生出了风靡当今的口语诗创作群体。不可否认为，诗歌形式的发展和改变也是一种审美的改变，抑或可以说适应了快节奏的社会需要。我在《夏花集》里比较多地用口语诗记录了这一创作形态，如这篇《写作》：

寻找安静之所
在鸟鸣虫醒之前
早早起床
备好纸和笔
大干一场的雄心
散乱，空荡荡
脑袋挤满了琐碎
笔尖被凝涩
看着绿色的窗外
无可奈何

不得不说，越写底气越是不足，甚至怀疑自己的创作追求。也特别感觉，诗歌像人类的精血一样，珍贵而稀少，不能随意矮化和自我降低身段。诗歌创作如此下去，只能是自掘诗歌的坟墓，甚至成为嘲弄的对象。缺乏哲理的深沉、精雅别致的文字和荡漾激情，不管是故弄玄虚的矫情还是日出日落的平实，诗歌终将难以戴上语言的皇冠。我对口语诗并不排斥，还抱以深切的同情，但也迫切期待口语诗自我升华。也希望诗歌爱好者从徐志摩、席慕蓉、舒婷、北岛的诗出发，接续现代诗歌的血脉和本源，找到心灵的契合和欣赏，由此我写下了《回到席慕蓉》，这并不指向某个个体，而是现代诗歌的创作群体：

一首诗该有的样子
文字的最高阶

雅致的美，哲理的美
抒日月之胸怀
发人性之幽情
诗界的别致和突兀
能登上高处的灵魂
广大的慰藉，博爱的
洒脱，不动声色
如同驾驭大江大河

诗是文字的精血
不排除异己，粗粝
拯救艰涩和平庸
一剂清凉的雅趣
流淌着高贵的思想
大草原的繁花和马群
充盈天地的张力
贯通蓝天白云的血脉
人类至高的情感
汇聚起千年的诗道

诗歌的创作，既有现实基础，也有想象演绎，特别是涉及诸如人生、爱情、生死、宇宙等大选题，往往不全是真实体验，更多的是学习思考的感想感悟，读者没有必要像研究《红楼梦》一样去索隐和考证。在写作过程中，难以绕开关于生死的思考，但更多的是从积极的角度来看待人生，以免使人误入歧途。比如这首《信物》：

生命中的两大信物
一生笃定了爱情和死亡
爱情如火焰，死亡如烈酒
烧遍每一个毛孔，醉遍苍穹
宽阔的，自由的，唯美的
自我纯朴的财富，不可侵犯
泛滥旷野，吞噬世间一切
奇妙的风铃和生死相依的诺言
上与下，古与今，白与黑
不用歌颂吟唱，渺小而平凡
高亢的调门，相思的苦味
喜鹊迎风拒雨筑起爱巢
接受岁月烘烤，即使死亡
依然雄壮完美，听凯旋序曲
在崎岖蜿蜒的山路，林间
在追梦人癫狂的笔端

诗歌发展到一定阶段，其创作从现实和传承需要出发，呈现了不同的时代特点和多样化表现手法。为了便于读者阅读，在《幸福与忧伤》总题目下形成了四个分集，分别是《春草集》《夏花集》《秋月集》《冬雪集》。在四个分集作品中尝试使用了写实、口语、抒情、古体等写作手法。特别说明的是，我不是专业诗人，只是借助了诗的表达方式，抒发情感，凝聚思想，与新时代一起前行。所有近400首诗凝聚了每时每刻的心血和感悟。

最后，用《诗歌啊！》来表达我对美好生活的热爱：

诗歌啊，有你身影的地方
厚重的文字成了天然的陪衬
从冗长柳絮到落英缤纷
野蜂飞舞，在你的诗境里
只看到诗的踪影

历史深处，你的思想
足够阳光，健康，纯粹
需要用诗来表达一切
用诗来赞美麦浪和花灯
诗，已不是皇冠上的饰品

卷宗里，仰望你的精髓
卓然身影，能够驾驭
语言和深邃，美丽的诗呀
你是九天玄女，补天的彩石
你是花轿上雅优的新娘

目　录

春草集

夏花集

秋月集

冬雪集

春草集

诗的态度

诗，文学最美好的语言
旋舞的花魁，精致的皇冠
诗的每一个标点，闪耀
大自然的和声，清莹而律动

诗，生命中意气风发的伴侣
兴奋，开心，沮丧，悲伤
每一次仰望星空的出发
都汇聚起所有感情的泄点

诗，不需要酒肉壮胆
在思想高地抛撒，遍地都是
为生命，为自由，为天地
唱响透彻明亮的颂歌

春天来了

春天来了，风鼓动
南方刮来的风
遍地的草，还有心情
墙角露出的嫩芽
玉树上开出的花朵
生命拍打着翅膀
让灵秀在大地脑海里
遍洒汗水和雨露
一匹骋驰永恒的白马

海上高扬的船帆
远航，歌声在海面上
堆起春光明媚的光亮
我忘记了，昨日
曾是哪里出现的气象
洁净素雅的春日
今天只留下一个符号
十足地锚定在这里
春天里，春风里

一切美好

欢快的阳光
在小清河波光中嬉戏
牛羊在缀满露珠的草原上
聊天，打闹，进入领地

乡间茅屋袅袅升起的炊烟
味道陶醉，傍晚卖蜜人
甜蜜的吆喝声传来
泥泞中的远古，悠长

门前的枣树，石榴树
第一片芽瓣拱出
芬芳飘散的榆树花蕾
还有墙角鲜嫩的草

南方的石板桥，浅水湾
烟雨无限的花纸伞
遍地黄花，弥散山色空蒙
融进急速飘流的思绪

站在山顶，旷野上
与天地对话，肆意呼喊
听到惬意高亢的回音
一本诗意的书，相见恨晚

武侯祠善解人意的鱼
草堂里的春情，朋友情
街头闲逛，喝茶，打牌
在藤椅上懒散睡去

回望巡河路的阑珊灯光
彩虹桥上忙碌的虹
南广场的花园，栖息地
孩子们欢快的身影

红色雕塑的群落，夜航
穿过文化铺就的古道
用满满一杯酒的快乐
标注上难忘的青春

天风

温暖而润泽的风
树梢之上和林荫道旁
巡游神圣的高地，看到了
招展的花枝和笑脸
风呀，大自然的精灵
吹落一支支镶边的箭矢
射进秋日的霞光里
那一地的惬意和欢愉
随闪亮的呼吸送你
风呀，你可知道
我的战栗响起，满树的
绿叶，一排排的知己
永远属于多彩的风
就像裸露的时光
此起彼伏的云波上
光润澄净

婆娑的眼泪

幸福的，酸苦的，光荣的
激动的震颤，我美丽的祖国
这一切都成为历史，包括文明
江河湖泊，星辰日月，你我
如此眷顾伟大的土地，一滴血
那不可改变的黄皮肤基因
抛开自私，狭隘，渺小和偏见
心甘情愿拥抱丰沃的祖国
青春荡漾的故土，我们义无反顾
耕耘，播种，千万次地发问
为安居，为幸福，为快乐
让婆娑的眼泪化为江河，让躯体
化作坚强无比的高山和桥梁
一起耕种下满世界的福音

壮丽

山河里繁星纵横
五彩的大地驰骋着
层林尽染，原驰蜡象
多么伟大的灵魂
时空里，我们灿若光影
又了如灰尘，砂砾
精神高地上能够
一同呼吸，一同庄严
偾张万里的风帆
游荡在辽阔的海面
集齐呼风唤雨的能量
你我从此死心塌地
穿过圣洁原生的通道
向奇妙的生命作揖
无所畏惧地前行

天行健

生命在这里驻足狂奔
日月和星辰共舞
盘旋在圣洁的天际
崇尚正义光明的星球
让邪恶无处遁形
时光隧道里的过客
高大，渺小或者下作
进化的意识和思想
像鱼儿一样快乐地游动
桂树扶疏的茁壮
成为天地的神秘馈赠

晨曦

不管有多少昨日的
烟火味，今晨是全新的
听到了年轻人急匆匆
穿衣声，也看到了
早起的喜鹊驱散了星辰
不一样的天南地北
坐在大自然的恩赐里
满眼摆动的翠柳
洞彻心扉的优雅之书
心怀敬意灵感来袭
一笔写下听涛的絮语
锁定这个美丽早晨
愉悦透过了纸背

精灵

地球上最聪明的物种
主宰着这个世界的
花草，高山，还有虫鸣
阳光下每一条彩带，缝隙
呵护非凡的人类和生灵
自然主义大声地呼喊
冲击着耳膜，不散
善待他们，它们，我们
包括孤独而遥远的
月球，太阳甚至太阳系
不仅如此，也充斥着
自由，快乐，幸福的精神
布施每一个物种，叶片
也许还有没有感知的
灵魂闪动着，独立而珍贵
万物繁盛沃润的土地
经不起日月星辰的撞击
绿洲，砂砾，无边的海洋
生死，高贵和尊严

文字

文字，行走的历史
留下神奇的印迹
像古董一样被
品评，赞美，诅咒
直上云天的雄鹰
高昂起不羁的头颅
俯视每条小径和河流
世间万物在阳光雨露下
默默地生长，枯萎
铺设出生命的真实流淌
狂风要用狂烈表达
一个光明灿烂的世界
刻在大地的卷宗里

蔚蓝的天空

云从东向西游荡
嬉戏，变幻，融合
宏大波涛，仰面亲吻
弥漫着自豪，坚定
还有溢满内心的美好
那无拘无束的灵魂
需要把玩和酿造
高高的庙宇和走廊里
有书卷相约伴舞
义无反顾地沉醉起
天晴水长的诗行
那一瞬的纵海跨云
掠过悠长的天空
淡然蓬勃，变成永恒

存在

滋养万物的大地啊
进步和文明
塑造向善的灵魂
要像时钟的摆
一生优雅地律动
倾心自然人格的锻造
传承共有的基因
邪恶的，懦弱的
自私的，低俗的
哪堪在山河江湖里奔跑
人性善恶的标尺
每一秒都不能缺席
生命耗散的时空
不能失去方向

根和叶

生死相依的物种
在大地的每个角落繁衍
根和叶编织着
自然的生命和色彩
根是叶的神和魂
叶是根的追寻和炫耀
宽大的，细长的
单薄的，娇嫩的
天南海北的叶片飞舞
四季的寻根，缠绕
耕云播海的青春
枝繁叶茂的生命礼赞
海风多彩诱人
遍地欢快的精灵

霾

我们势不两立
梦想细雨轻抚窗棂
祈求那吝啬的雪
落下，像迎接
圣洁的新娘

触碰天际的尖塔
能否看见明媚的仙境
即便是干净的
赤沙，戈壁的糙砾
炊烟下的茅屋

要正常呼吸
角落里戴着面具
今天阴沉的天
卷起的飞絮
又在作乱

空气啊
氧气充盈的样子

风在酝酿能量
收集清明的记忆
运筹布局

风吹来了
遍播流动的灵山
树枝开始摇动
祭出战天斗地的风
猛烈，再猛烈

连同滔天的乌云
炫耀的魔障
全靠你，吹散
畅快地刮起来
甩掉邪恶的羁绊

大风搅动着寰宇
那悱恻的天水
来一场风调雨顺
用凛冽的清澈
沐浴周身

初见

一轮明月
每年十二次地等
今日又见
淌下欢愉的泪

草虫的奏鸣
清风柳梢的嬉闹
相望里的忧愁
填补烟雨后的空白

春天你也来
秋日更灿烂地来
追寻懵懂的爱
无拘无束的自由

干净的明月啊
太阳的新娘
这撒金铺银的光
有滋有味

土地

品尝多姿多彩的恩赐
伟大得难以置信
我们沐浴在四季中
盛开，即便一簇杂草
天地的风敲雨浸
各色果实，神奇地
赋予它们苦乐的滋味
你怀抱里的江山
高原，瓦砾和河水
呼风唤雨中容纳百态
毒蛇，猛兽，蚊蝇
臭虫，蟑螂，遥远的恐龙
垃圾，污泥，浊水
抑或邪恶，无赖和小人
就是这样，遍撒凯风
拥抱阳光，雨露，明月
天然的美德和广阔
不管是贫瘠或者富有
都有神圣的位置

法则

草木春天发芽，冬日冰雪覆盖
地球自转公转不息，月亮升起落下
喜鹊垒起了爱巢，彻夜欢歌
燕子在良善之家生儿育女，啾啾中
水自西向东奔流，大海汹涌
地震，闪电，洪水，生与死对话
大自然的奇妙遇见，钟情怀春
车水马龙，生命走南闯北地游移
耕犁翻起的泥土惊醒了沉睡的蚯蚓
麦子由绿变黄，棉花织成华丽的戎装
矢车菊柔弱的颈项，疯狂地张望
酥油茶沉醉在无垠的墨绿色草甸上
欢快的马群沿着河流的方向奔跑
闻到满树的槐香，木香，花香

天地阔

风如饥似渴般刮进谷地
摇动的枝杈，阳光灿烂地
洒满每一片草叶，纯情的水
让文竹，海棠，银杏青翠
山坡上咩咩的羊群，溪流漪漪
弯弯，树影叠叠，山川纵横
春雨，夏荷，秋月，冬雪
海上的波涛变成宏大的躁动
船工的号子，九九回旋的起伏
上天入地，记录下悠悠万事
讴歌自然的恩赐和温度，包括
辽阔悠远的草原，清澈空气
飘扬的心境，见证和喝彩

四季的夜

春天的夜霞轩月举
青竹旺盛的拔节
还有温暖的南风吹拂
圣水充盈，一地的青绿
夏天的夜繁花若绮
白杨的叶片热烈地拥抱
燃遍大地，不留分毫
秋天的夜，浓烈收获着
积累的情感，溢满秋雨时
神秘的夜空，夜之莺
唱着意懒的歌谣，婉转
冬天的夜，清丽一望无际
银色月光融上爽净的脸
还有轻轻的霜和雪
更加自由，更加艳丽
满载时光的四季轮回夜
行走在浩荡的时空中
这夜啊，万物生长
这夜啊，湿润温馨
这夜啊，云雾缭绕
这夜啊，斗转星移

裸露

在彩霞满天的尽头
光明和黑暗作别
叩问不死的灵魂
向蓝天白云寻求答案
仿佛在时空里
听到了风声雨声
死亡和活着，草木
回归，大地的牵挂
又有秋蝉的鸣叫
山石，风吹到的地方
不朽史家的记忆
时间苍茫中的归宿
是趣味，是卖弄
呆呆地站在黑洞门口
放空一切，眺望

90年代

年轻人留长了头发
喇叭裤，好看的T恤
超前的花格子西装
立领棕色皮衣
暖瓶泡出的香喷喷大米
交谊舞，摇滚的崔健
西苑站边的麻辣烫
还有春风乍起的味道
校园里的民谣歌声
200兆硬盘的电脑
彻夜打斗的4兆游戏
互联网，神奇闪动的QQ
最早使用的电子邮箱
收集深圳股市信息
经历了思想的激烈碰撞
激进的，自由的，保守的
学业上不断取得的进步
翘首以盼的年轻父母
单纯的兄弟姐妹情深
咫尺间，鸿雁南飞的思念

有了电话，有了春晚
有了冰箱，有了29寸彩电
有了鱼香肉丝，松花蛋
可口可乐，汉堡，方便面
幸福着，开心和憧憬
难忘的90年代
家园的90年代

大风起兮

静止，闷热
大风起兮的前奏
打开天空的幔
要在高处踏云而上
风来，一切安然
夹带着清新的祥音
春天的雨露从天而降
铺天盖地，摧枯拉朽
容不得一丝不好
气味，污浊和虚伪
它喜欢来去自由
即便有厚的墙
也会飞檐走壁而过
神圣而茁壮

我的诗行

憨态悠然的熊猫
缓缓爬上竹林
陶醉地吃着满枝的嫩叶
不断传来的哒哒声
忙碌的啄木鸟向害虫们
敲响急促的战鼓
远道而来的布谷鸟
张扬着对异性的渴望
狼虫虎豹，大象，野猪
包括姿色各异的生灵
都在普罗大众的自然界
找到了身份和归宿
珠峰长高了一厘米
高铁呼啸而过
没有了咣当的噪声
工地上插天的脚手架
与塔吊一起升高的建筑师
锅炉工摆脱了热烤
与一个时代的名字告别
清洁工下到地下坑槽

疏通污水臭泥的河道
电工们守候在配电柜旁
倾听电流急速的声响
老师们准备着明天的讲授
接受学生们渴望的目光
少女在编织幸福的梦
男孩兴奋等待着第一次约会
勇敢的女人在产床上
遇见，新生命迎晨光降临
列车上，林荫路的邂逅
战士们屹立高山之巅
守望着家园的每一寸土地
医生护士有一双天使的翅膀
时刻展现救死扶伤的身影
紧急出警的消防员爬上
险象环生高高的屋顶
交通警察见证了人生的奇迹
也珍藏着与死神擦肩的经历
先辈们长眠在祖先的故土
有无挽联，都有生命的赞歌

透染进我的诗行诗篇
每一次撞击灵魂的感动
犹如饮到风清日丽的甘露
难以忘怀的灵光和愉悦
诗不再是诗，是深情的夙愿
和诗意遍地的生活

大江大河

大江大河的呼唤
无私，公正，侠义
能听懂善意者的忠告
江河奔腾，汹涌
不顾落英缤纷，不理会
狭隘，自私，偏见
只会按照自己的意愿
狂奔着，吼唱着
以无我的姿态存在
藐视一切的势不可挡
泥沙，朽木，柴草
俯首称臣，大自然
脉动，强大强劲

铁血战场

奔袭的金戈铁马
手中的十八般兵器
风驰电掣般袭来
那么雄壮，短暂地刺探
坚强的战斧敲打城门
勇敢的心直入堡垒
你的吼声低沉着
有力，你的武器锋利
潮水般掩杀过去，疯狂
来不及喘息，已攻城略地
刹那间天纵的神迹
升起风的帆，烧天云
只看到缴械投降，皈依
你是大地天选之子
雌雄同体，无与伦比
思想丰姿卓越纯真
望见天宽地阔的元明

因为知识

因为知识
多了一分先知的教诲
爽气，优雅，淡然
不拒风雨的骨气
不贪婪钱财，身边只有
沾沾自喜的书香
陪伴，欣赏，陶醉

因为知识
心血拜读的至宝
你的格调蕴藏其间
一块精心捡到的石头
附加了多少跃动的情感
灵性，生命，书卷气
有了对话的资本

因为知识
变得金不换般富有
花含泪，喜爱，羡慕
知识的绚丽自信

身份也不附加上什么
一个普通人也可以
拥有高级的境界

因为知识
走进大师的书房
百毒不侵，坚不可摧
知识唤起的雄兵
耀眼的旌旗，一望无际
遍地英雄的星空
强大的涌动

历史的喘息

突然从高处俯冲，鹰的利爪
紧紧抓住美味的猎物，一瞬间
把紧张定格，山川之间
千回百转的母亲河咆哮，激荡
终究要拥抱大海的平静
停下来，积淀在九曲回肠
剑拔弩张后的静默，战马需要
休养生息，等待草肥水美
人会累，大自然会，历史也会
在万籁俱寂中迎接黎明
历史就是故事，故事里的历史
秦皇汉武是，水泊梁山也是

感应

风动必然有风动理由，不排除
必然，在你心中激起过涟漪
它的波澜，它的姿态，它的相遇
带来安慰，充实，快乐，记忆
一件事物的不可思议，冥冥之中
不寻常的气息环绕，玄妙暗示
物质和意识，上天入地飞檐走壁
异动不时响起，瞬间灵魂活跃
对号入座，让心灵找到归所
甚或突然有一种熟悉又远离的
味道传来，生命里喃喃自语
变换你的世界，相信梦境的组合
甚至也会惊叹第二种奇遇
飘然而至的思维让世界多元
百态，汇集成一幕幕素材
感念所有的遇见，朵朵云飘
打开意识深处的圣洁之门

四季风

春天的风，待放的风情
抚摸你的躯体，你的床铺
越过封闭的门，把情愫打开
夏季的风，沉醉热烈的风
旺盛的雨，厚重的果实
东流水泛滥，令人无畏着迷
秋月的风，酿造的酒香
点燃暧昧芳菲，暖阳况味
高远，明亮，瓦蓝
冬日的风，辽阔猛烈
吹散忧郁，失落和暗淡
安放最后一片顽强的枫叶
四季的风，最美的诗歌
急切为大地涂上色彩
进入狂野，进入起伏的谷地
神圣至高无上的风，飒飒
摇曳着，天边的飞鸿
四季变换，欢快的生命
住进火热的思绪之中

原始力

旷野荒蛮之地
青山，氧气充盈绿水
男人和女人，峰巅
体格健美，身体匀称
错落有致，黑发飘逸
青春漾溢出自然的体香
在大地宽阔的披风里
女娲补天，夸父逐日
强烈智慧思想弥漫

造物主如此行健
适者生存，逐鹿中原
力拔山兮的能量
野茫的山川和花草
在荒原上追逐的鹿群
泥土中堆起的沙器
喜鹊溪水中沐浴
老虎，毒蛇，大象
山雀，烈鹰一起鸣唱

自然的美多么崇高
万物生长，林木繁茂
瀑布高挂在天之崖
夜空中滑过的闪电鸣雷
大风呼啸，热烈洒脱
飞翔在波涛中的彩虹
与海浪共舞共生
日月不眠，生命不息
唯独没有凌霄天庭

生命体

你的出现，殿堂生辉
激活潜能，神秘的青春
生动的灵魂，让愉悦传递
山河的容颜，民族的美
还有爱美之心，即便褴褛
别样的景致，山巅
先行一步，看到了蓝天白云
飞天的歌舞，嘹亮锣鼓
尼罗河畔悠然的骏马
从容，独一无二的技艺
朋友友谊加持，左右逢源
欣赏，喜好，成长的催化剂
阻挡风雨的臂膀，方舟
在他人的欢愉里存在自己
一生不能降品，沉沦

一念的存在

打开隐秘的魔盒
有益的，无益的
高兴的，烦恼的
忧伤的，幸福的
现世的或死亡的
一股脑儿的闲言碎语
是自己想象
或是书本上的一幕
还可能是一场梦境
抑或不真实的演绎
闪进了精神世界
放大的虚妄和虚幻
挥之不去的暗影
来一场清空的旅行
把不愿意看到的
抽屉快快关上，转移
让幸福开心的盒子
多多打开

面前的诗

这些诗，是迎着朝霞落日和温暖的月光
身临其境写出来的，每个字都凝聚着温度
你能读下去，证明我们前生今世有缘
我是如此深情地爱你，让我们在这里相遇
此时，也许我在山顶上欣赏蓬勃的日出
也许在河边打着水漂，或把鱼钩刚刚放下
也许正看着一树青绿陶醉于书本之间
也许你已经把我忘记，悠闲地在草原牧歌
也许偶尔想念我，驿动着泪盈笑意丛生
也许你久仰我的大名，也许我们从未谋面
也许生活已走到过去，忘了我们曾经临风站立
也许不知我来自哪个星球，不知是不是同行
也许我已与人世话别，离开了亲爱的你们
离开了带来一生幸福，欢愉开心的生活
美丽的花草，还有不能忘却的忧伤和不舍
这没关系，能看到你面前的诗已经足够
这是我时代的记忆，也是我们相识的见证
我们重逢在这里，再一次一起仰望星空
挽手进入新纪元，甚至更遥远的未来
爽意的阳光雨露普照，没有忧伤痛苦

我老之又老，活在你悠远多彩的影像里
迎着夕阳拾贝，在冰河里优雅地飞翔
我们已不能相忘，成为一见如故的神交

本无所依

没有感知的孤独，看到幽暗
星球永不沉没，永不消失
穿行在浩瀚中的已知和未知
空寂的自欺，并不比蚂蚁高明
相依为伴的生灵，殊不知
一颗飞驰而来的陨石，一束电波
经受不起，我们对外的呼唤
纵情期待，天使还是魔鬼
流放在这里，无助恐怖的星球

家园分割在不同国度里
跨越东西的山川河流不能阻断
不能各行其是，以邻为壑
欧洲的一片云，亚洲的倾盆雨
遥远的极地融化的冰层
哪怕全球的海平面升高一厘米
足以改变地球的物种，气候，安全
一场局部战争造成全球震颤
脆弱，经不起小小病毒的侵扰

白种人，黄种人，黑种人，棕色人种
基督教，犹太教，印度教
佛教，道教，伊斯兰教
中国文化体系，印度文化体系
伊斯兰文化体系，希腊文化体系
跨国婚姻，海外留学，海外购物
各大洲的人群，不论角色多么不同
文化多大差异，共同喜好和追求
共有的善恶，美丑，本不排斥

多灾多难，无处可逃的星球
越来越握有自我毁灭的本钱
纵横在权力，财富，贪欲之间
永不坠落的天使狰狞着发出
繁星下黑暗的回声，危机四伏
太阳，地球，月球，太阳系
星域广阔，哪里有友善的近邻
孤独的星球，唯有自保

难以名状的大河

没见过如此宽阔
浩荡的大河，丰盈
移动的气势直摄心魄
天然的韵味粗犷
豪迈着，排山倒海
人民继承了它的天性
宏大，包容，强悍
摧枯拉朽地澎湃
大河，上万年不息
永远一泻千里
大自然不需要名字
不需要鬼斧神工
和神来之笔，唯有
天成的野茫之气
坐落流淌在那里
滋润生灵，也滋润
山石，草地，空气
见过了，就把心
驻扎在那里

折多河

折多河，康定城
无疑的浪漫地
临河依山的狭长地带
成就了康定
还有跑马溜溜的山
喧闹中肃然起敬

天然落差形成的狂奔
巨响中日夜不息
折多山融化的雪水
汇聚起透彻心脾的清凉
见识了奔腾的强悍
清澈无邪的河

藏民缥缈悠扬的歌声
康巴汉子强健的躯体
仙人掌果，大灵芝
怀揣朝圣信念的观光客
峭壁上的天路和人
共赴圣山圣湖

城堡

欧洲城堡结束于现代文明的洗礼
在空旷的原野，城堡豪华坚固
世代遗留下一道壮观深厚的风景
曾经攻城略地，刀光剑影，还有风月
引以为傲，神秘的传奇和缠绵故事
坚硬的城堡已经成为历史的符号
阻挡了敌人，也封闭了自己和花鸟
在历史的那个瞬间，人们目光呆滞
精神恍惚，密实得不透风，看不到裙摆
连狗的叫声也软弱无力，呵斥禁止
空气被一道道密令压制，阴郁，窒息
监视，提防，告密，变本加厉
敌友难辨，善恶难辨，经纬难辨
城堡里人头攒动，又恍若听不到蝉鸣
古老城堡里经常闹鬼，美女蛇出没
朗朗乾坤下魑魅魍魉横行，肆意妄为
城堡里武士高举火把，同仇敌忾
导游还在煞有介事，讲吓人的鬼故事
背后发凉，目光里威严的城堡林立

起点

一个奇妙又慌恐的问题
宇宙的起点在哪里，谁握有
地球第一次律动的指令
就像小鸡啄破了坚硬的壳
人走来了，沿着远古的航道
健硕，弯弓射日，飞向月宫
睁眼仰望新奇神秘的世界
地球漂亮地穿行，各就其位
上苍不会顾及人类有多少巧思
按自己的轨迹，日月星辰
燃烧的火鸡，一往无前地扩散
急速地向遥远天际驰行
每个角落都埋藏着第一秒
幻梦中的海市和罗刹
玄机，不得知，并非有始有终
星空里也看不到有终有始

宣纸的《论语》

文字不同的形体姿态
映衬出风情各异的诗书家风
大家闺秀抑或小家碧玉
装帧别致的经卷，得体的衣着
一见倾心，溢出明淡的情趣
栽在西湖边的红花绿柳
前所未有的感受，《论语》
应该躺在古色墨香的宣纸里
感受乐天知命的淡然柔软
充盈不与物争的自然和爽气
岁月有痕的新奇探访
觅到花前月下的不同韵味

我是你的粉

进入你博学豁达深邃的精神世界，陶醉
尺牍间的迷恋，你的力量名不虚传
深谙人类发展，让我拥有了学术底气
还有走上文学高峰的曹雪芹，《红楼梦》
让历史鲜活起来的罗贯中，施耐庵，吴承恩
一大排诗圣词仙李白，杜甫，苏轼，李清照
不能遗忘优美灵动的王羲之，颜真卿，王希孟
还有传承历史的司马迁，张岱，李渔，张潮
鲁迅，胡适，林语堂，俞平伯，冯友兰
包括纳兰性德，徐志摩，席慕蓉，舒婷
西方的哲学家，思想家，文学家
苏格拉底，奥勒留，莎士比亚，惠特曼
但丁，歌德，泰戈尔，艾略特
叔本华，尼采，托尔斯泰，斯密，李嘉图
罗素，帕斯卡，马尔克斯，普鲁斯特
在珠光宝气的文化大殿里行走
心清气爽，肃然起敬，自然成粉

你是你的经过

人啊，锦波上的经卷
天云悠然，听到风吹竹响
困难，顺遂，伤心，欢喜
在风雨中挽起手臂远行
远眺冰冻星球的尘土，臆想
富贵，贫贱，位高，卑贱
丑陋，美丽，忠贞，背叛
熬不过月亮的阴晴圆缺
我们伫立在时间的河道里
感恩花鸟鱼虫的陪伴
寒风露宿中体验满足和光明
有资格与至贤至圣比肩

木星

有大片茁壮的森林
木星冲日，看到奇观
今夜离我们最近
107年后在宇宙再会
站在开阔的马路上
驻足，抬头，凝视
一条从东向西的河流
遍地黄金，空气，美味
到处莺歌燕舞春水荡漾
木星，恒星一样眨眼
太阳子孙，地球兄弟
一望无际的仙境
比触手可及完美神秘

等待

每月的期许
月牙在西山高悬
神秘而朦胧
光风自有韵味
十五的承诺
天地拉开了序幕

希望你来
一年最明亮的夜
不希望你来
霁月易逝
沿着神奇的弧线
找寻你的芳踪

露天的枝蔓
浸洗在你的光影
野榕树下的欢歌里
独上夏日的钟楼
听到鼓瑟齐鸣
听到雷声雨声

暗物质

你来到这个世界
我把我的精神给你
一个生命的终结
呼唤一次新生的坠地
永恒的空间和时间
这里一切如初
平静，虚空，明亮
今日完成奇妙的合体
开启平凡的旅程
你的境遇与我无关
你的丑陋与我无关
你的贫穷与我无关
你的富足与我无关
一僧一道的顽石
徘徊在灵与肉之间
灵魂附身的归宿
我们迟早伤别散离

绿

青绿是那样的美
有心情打理的时候
柳绿，草绿，阳春
不能与苍凉寂寥为伍
从东到西的满眼情怀中
没有衰鸟蚊蝇争鸣
大地一派干净清澈的绿
跑步，闲逛，练操
友善温暖热烈的问候
即便不高雅，即便猥琐
都融化进这满山野绿
相逢在不长的人生
春风架起耀眼的界桥
南来北往的星宿

被寂静吵醒

在潮湿的南方行走
一只粉色的海鸟
尖厉的鸣叫滑夜而过
难以忘却的水彩
远山如墨，模糊而深邃
破旧的农舍，留下
永不褪去的烟味
想象烦乱颤抖的场景
一支柔软的藤蔓上
挂着的绿植左右摇摆
探出的枝叶，在绿荫里
如水面的浮萍徘徊
绿油油的草地被风掀起
多好的蔷薇，好多
找寻不到圣洁的归处
难熬遥远的梦境
安静的夜，周身躁动

蒲公英

只有飞翔起来才最美
天是你的领地，迎风起舞
被束缚的魂灵迟早会冲破
这窒息的铠甲，用炼狱的火
烧掉猥琐，卑鄙，残忍
还有丑陋不堪的泥泞和污浊
草菅人命的鬼魂和恶的狼
飞扬着的柳絮，摇动的衰草
过往的蝼蚁，跳蚤，飞蝇
死亡账簿上打下的印记
一切都是陷空山上的孽障
你要更高飞起来，越过流云
才能抖落满身芒刺，柴草
从四大部洲找来治败的灵药
播撒洁净，荡掉满身油腻

当下

睡眼的乍醒
反复轮回
寻找不出理由
就像繁星钻入心里
清爽素颜多好

更高的山峰
在那里陡峭地炫耀
一条攀登的路径
打拼，成就，惆怅
总要向未来报到
与灵魂作别

喜鹊上下忙碌
皎洁如水的超级月亮
朋友的笑脸，如故
平安，来来往往
幸福的样子
今天的样子

遥远的完美

没有绝对的美，维纳斯
连魔镜都无可奈何地承认
优胜劣汰的世界，必有克星
只要有死亡，生就不完美
自然的恩惠是公平的，对一切
土地，人口，宗教，文化
资源，男女，智力，美丑
生死，家庭，权力，自由
平等，民主，公平，待遇
完美像永远得不到的幻象
不完美的存在，有限和无限
心中升腾的完美影像
坠入难以求解的谷底
造物主造就，不停地追逐
拼命弥补缺憾，超越诅咒

定格

你的人设已经形成
日积月累，善恶定格
形象就像旷野里的
美丽的花朵和明朗的笑
一株孤立的树，了然
你有花朵开放的样子
你有钟鼓齐鸣的样子
你有树木凋零的样子
你有江河奔流的样子
难以遮挡日月星辰
仁慈是善良者的标识牌
公正是无私者的定盘星
忠诚是阴谋家的测谎仪
阴险是邪恶者的买路财
伪装是两面人的保护伞
栽赃是臆想者的通行证
造谣是说谎者的顺风耳
武断是粗俗者的杀威棒
色厉是内荏者的挡箭牌
浮夸是无能者的迷魂阵

挑拨是小人们的撒手锏
摇摆是骑墙者的千里眼
深扎进大自然的宿命
沙滩，藤蔓，雷雨

美丽的家园

美丽的家园
生育栖息之所
相依的高山平原
变换的沙漠江河
回归线演绎的
春夏秋冬
大地的草长莺飞

美丽的家园
不可选择的地方
像肤色，民族
平等的主人
不妄自菲薄
不盛气凌人
尊重个人尊严

美丽的家园
物产遍布广袤
沃土，森林，矿藏
丰富的水源，气田

汹涌的雅鲁藏布江
绵延的长江黄河
还有高粱地，牛羊

美丽的家园
终身相托的地方
有遮风挡雨的暖房
祖先传承的基因
难忘的炊烟
不容小觑的因果
值得你我祈福

做最好的自己

学会欣赏自己，唯一
太阳，月亮，土地
江河，花朵，春潮
大自然，大自然的我们
不猥琐，不虚伪，不懦弱
健美，强壮，温柔，勇敢
在爱与被爱的河流里
身体的每一部分，值得呵护
一根毛发，一个眼神
不要拒绝上天撒下的爱意
生命的魅力，还有思想
智慧，诗歌，写作，书法
恰如其分，自然的气质
只属于你，又同一切无别
如山，如水，如树，如苍穹
万物面前，没有特权
不居高临下，不多欲放纵
自然，最好的自己

人马座

穿行7万光年，来到人马座
感受人马的森林和“水之道”
美丽，除了自然，没有别的
一切生命，一切植物，一切山川
人马座上地大物博，土地肥沃
草木繁盛，资源充沛，遍地花开
牛羊成群，万物开心着，快乐着
雄马像山强壮，雌马像水纯洁
繁衍可爱的子孙，智慧与劳作
新大陆生机勃发，变化万千
往来客商云集，客栈酒馆爆棚
喷薄的日出，阳光充足照射
星球各个角落，从彼角到此角
集聚着应有尽有的人才，欢颜
科技和商品，空气清新健康
每个人马都自在，尽情地呼吸
看不到阴险，邪恶，猥琐和自私
惠风拂面，天马行空，顺天性
伦理之道和生灵之道，神的睿智
慧眼独具崭新打开，俯视众生

月光

面你而泣的泪影
不是多愁善感的标签
也不是玄虚的装扮
月光，一种普照的光
校正低级趣味的罗盘
善解人意的化身
不风姿娆娆东施效颦
清爽的银灰，能使
焦虑燥热为绿荫

月光，穿越多少时空
看见了灯火迷离
看见了刀光剑影
看见了不息的江河
看见了风花雪月的爱情
秦时长城，尼罗河
多瑙河之波，空中花园
深邃空寂的太平洋

跟着月光出发吧

没有瞒天过海
没有暗度陈仓
没有蝇营狗苟
没有造谣中伤
如练的月华注视下
山林湖海，花鸟鱼虫
接受光明的洗礼

月掩金星

天边一抹红霞褪去
我们壮丽地登场
你是英姿初露的少年
我像娇小的仙子
带着深情慕名而来
优雅闪进你如洗的怀里
听到时光秒表的急促
来不及欣赏喘息的足音
一片眩晕的记忆里
你的金线已穿过温情
心灵交汇的一刻
我们从此挥手作别
目送你走向辉煌

布尔乔亚

黑亮的马蹄石街面
细雨刚刚停下了浸染
洁白茶几上几束玫瑰蓝
卡布奇诺和冰酒甜点
遥看时光静止的微澜
纤细手指画出的弧线
享受着幻奇幻妙的杯盏
茶香里瘦金体的悠然
像欣赏绰丝的珍玩
望着青绿颜色的变换
听见小桥流水般的心弦
飘飘的南音轻细软绵
为春后逝去的灿烂伤感
我们都是过往的驿站
刹那间如坠青云的迷乱
跟随沉香的气味浮现
缀满了一下午的愁淡

在水一方

感受，寻觅，冥想
希望找到自圆其说的答案
精神世界的来龙去脉
徒劳地奔跑，脑海中的幻象
这个星球，你的追随眺望
瞬间的感觉，真切而自然
清空所有杂念，让心灵净化
原始的状态，翩翩而至
骄傲的，自由的，纯洁的
一尘不染，来自遥远的水面
为你祈祷，为你祝福进酒
日出日落的晨钟暮鼓响起时
晃动起水下白净的莲藕和溪水
你的降临，像蓝天白云
心仪的留恋，春下结伴而行

易

易，昆仑山上
一个若愚的智者
遥看雷电星移
俯视大江滚滚东流
日夜不歇，涛涛起伏

大自然的子孙
刀耕火种的洞穴里
掐起往生的秒表
在时光的航船上
生便是死，死便是生

阴阳乾坤的转合
太阳东升西落
缥缈思绪的轮回
草木岁岁枯荣
宇宙里静止的风
一切的易，动

大道至简

大音希声
大雅于凡
天人合一

亨，昌

异次元

我们共同的栖息
我是你的投影

你在那边
勇敢，潇洒，聪明
能干，善良，万千江湖

我在这边
美丽，善良，温柔，开朗
身有姿态风流，婀娜

在物质的虚空里
我是你的素颜
彼此镜像，守望

我有五面六感
你有八感七面

栖息地

凤凰落在梧桐树上，择木而栖
高大健壮的树冠，肥厚充足的营养
母仪天下，不在于她美丽的羽毛
而是健康，聪颖，博爱，温情
任何时候都不荒腔走板，站立树梢
这一切，都契合树的品质和气度
当树不再光明繁盛，荒诞猥琐
撑不起树的尊严，不再流连忘返
烈火焚身，即使燕雀的叽喳不绝
也要毅然，离开这个龌龊腐烂之所
向光芒万丈的太阳，涅槃而去

只是自己

宇宙的形成和未来
白云，蓝天，雷电
任何人可以奉献思维
思考爱情和面包
陶醉窗外的一片霞光
绞尽脑汁地呼吸
明理，无私，追寻
不陷迷途，远离淫巧
避免无解的空虚
享受大自然的明示
青春到时光老尽
不需要按别人意愿
锻造，抑或摆布
你改变不了的人设
唯有把自己做好
史书上的刀光剑影
在昆仑山上俯瞰
一队蚂蚁过河
谁是路过的书生

意趣

年轻自有趣味，文化做伴
模仿思想者围坐一团，这动作
发自内心，比罗丹雕塑更有血肉
一起仰望星空，从众的游戏
天真的灵魂聚集，不大的酒馆
与老板喝酒聊天，脸庞真诚
聚起朋友们光彩夺目的笑
还有惬意的眼神，多么愿意
再一次分享无数个你我
共有的快乐，穿越地域相聚
不只畅想在流光溢彩的城郭里
激情四射的天南和地北
拒绝羁绊，沉浸四时的阳光
火焰里，看见烈鸟的倩影

幸福

你好，亲爱的朋友
人生有你，蓬荜生辉

感到幸福，一句真诚问候
像太阳花一样，心情多姿多彩
粉的，红的，黄的，粉红的
执着地关心，注视，雀跃

感到幸福，依偎大地的襁褓里
吮吸，一泓水，一片草
高山峡谷，天南海北，红日
溪流旁的茅屋，片刻小栖

感到幸福，上天的眷顾和包容
让这片大地，花鸟绿荫
丰盛的谷物，美酒，宝藏
有不能更改的自然法则

感到幸福，劳动者的乐趣
厨师的好客，水暖工的热情

生活给了五颜六色的体验
感念人生十足的律动

感到幸福，世界的一角遇见
所有的苦吃遍，没有羸弱
彻底决绝，不知疲倦的脚步
飘然而逝，再没有至纯的灵魂

感到幸福，你的质朴和诚心
走到天涯海角的惦记欢喜
兴冲冲带回还有余温的米线
分享的情感，歌唱友谊

感到幸福，你超越了羁绊
还有任性，懒惰，冷漠
终是月亮的美好，光亮品格
让人死心塌地，爱而无憾

论剑

去思考云，思考雨
思考缠绵悱恻的真相
见字如面，共鸣里
听到，你我忘年的神交
智慧的剑戟，不用
戴着枷锁去触碰灵魂
在山巅上坐而论道
接受狂风的洗礼
和时间拷问，充斥
在电闪雷鸣的喧闹里
不停地吼叫着，狂躁着
留下粗鄙和仓惶
还有热狂慵懒的记忆

迎风招展

在波涛里，稳健坚定
震慑着，祝福着，欢快着
冥冥之中的杰作，巍峨矗立
饱满，健硕，昂扬，迎风招展
簇拥的人群从远古走来
冬布拉，长笛，祝福的酒
神圣热烈的队伍相伴护佑支撑
祥云普照，无与伦比的天作之合
在巨大的空间里，汇聚起气场
冬日暖阳的午后，你我同体
工匠，导师，模特，艺术家
一起见证光明磊落的气场
纳入其间，你是其中一个
在永恒里，雄壮磅礴灵魂附体
当不完美时，去接近完美

今夜不设防

月光为生命撑起帷幔
在妈妈怀里，甜蜜吮吸
秀发遮住惺忪，大地
满足的睡意，安详自在
弥漫一望无际的夜影
玉米，高粱，青纱帐
宇宙，星星，飞船
果实，牛羊，矢车菊
相互爱恋，跋山涉水
布满思绪的心海，紧扣
入梦，伴着晚霞初露
今夜不设防，生死无惧

依然爱着

明月，欢喜和悲伤
充满趣味，树影的涟漪
我们是大自然的优选
你我相约，莺长的夜里
千姿百态，花香鸟语
感念大地的厚养，留恋
不仅生灵，包括山川
包括四季，包括思想
生命与物质的无休轮回
在肉体和灵魂深处
经历牵肠挂肚，经历
狂风和暴雨的侵袭
跟随万物生长的节奏
疯狂依恋，淡忘
那不曾选择的烟火
依然爱着，彼此

信物

生命中的两大信物
一生笃定了爱情和死亡
爱情如火焰，死亡如烈酒
烧遍每一个毛孔，醉遍苍穹
宽阔的，自由的，唯美的
自我纯朴的财富，不可侵犯
泛滥旷野，吞噬世间一切
奇妙的风铃和生死相依的诺言
上与下，古与今，白与黑
不用歌颂吟唱，苍穹的道场
高亢的调门，相思的苦味
喜鹊迎风拒雨筑起爱巢
接受岁月烘烤，即使死亡
依然雄壮完美，听凯旋序曲
在崎岖蜿蜒的山路，林间
在追梦人癫狂的笔端

历史的镜像

历史终将变成史书
竖起高大的庙宇
坟茔供养思维的呼吸
阴天，晴天，日出，日落
真相，真实，真正的涌动
飘浮的地球，没有东西
孤独地行走，我们的依靠
膨胀，扩张，发散
上下左右，高低贵贱
俯瞰一群角马神圣过河
无私，天道，乾坤
正直，自然，热爱
人类至高无上的杰作
匍匐在孤独的星球

喜马拉雅

喜马拉雅，地球上没有
能超越你的高度，不仅巍峨
还有你的洁净和难以企及
肆虐的风是苍凉的哨音
每一声呐喊都会引起
高山震荡，火瓢虫出现
山脊上再看不到耀眼的灯火
这一世聚集的浮尘，巧思
如此渺小，不屑，浮夸
摆放好祭坛，向白云作揖
狂风卷起的沙石终将被大雪
掩埋，在光亮的天空里
长成烈焰，烧掉一切幻象
倾听此起彼伏的鸣响

不为忘却

当清晨第一声鸟鸣响起时
拨云见日的平易，果断，善为
经历了苦难战火，忍受屈辱
在沧海桑田的磨砺修炼中
你对走过苦难的清醒和超越
人格的魅力，质朴的胸怀
顺乎天意的决断，柔软而坚定
怀念你，只言片语的乡音
那一次深夜攀谈，星光灿烂
椰子树下，芬芳和彩色的花蕊
匝密而茁壮，烈酒微醺的夜
忽闻一曲明月照在窗棂上
绕梁淡然，得意洋洋跨洋过海
仿佛时空错转岁月染黄照片
向阳而生的相遇啊，一处圣地
开太平，面向岛屿和大海
亲切自然地握手，那眼神平等
忘不了欠身的一幕，超然和慈爱
云淡风轻化为传世的永恒
天道地道，只与进步潮流为伍
怀念每一颗放下身段的星辰

向尊者致敬

这是一生最伟大的理论依靠
摆在神圣殿堂的最高位置

两个年轻人几年的苦苦追寻，磨砺
甄别，最终下定了把板凳坐穿的决心

可敬的先行者们，要从浩瀚的典籍里
把最激动人心的作品译出，偌大的部头

面对猜疑，面对血雨腥风，面对生计
在潮湿的里弄，巨著坚定地向汉字过渡

我执着寻找最初的印记，一众英雄们
远见和胆识，全新的实践和科学

1938年，三卷本面世，“三卷本”
伟大作品的标准格式，伟大的红丝带

摆在案头的1938年最初版
不时把这套经典捧起来，情不自禁

纸面已经酥脆，修订出1700条勘误
1947年再版的您，依然写满时代的烙印

有幸亲见，艰辛中励精图治的光
缔造了改变世界历史进程的理论基石

两个伟大的译者，你们超越了那个时代
超越了当今的刀刻斧凿，一种精神

感受译者的情感，伴随读者而生
虔诚读书者的笔记，精巧的英文旁注

在花花世界，在百舸争流的年代
一个有学问的阅读者同样让人起敬

伟大的著者不朽
伟大的译者不朽
伟大的读者不朽

他说

一部传世的作品
刻上沃尔特·惠特曼的名字

他说
时间，空间，真实
清澈，浩瀚，宁静
是日月星辰该有的样子

他说
健康，强健，慈善
干净，智慧，无畏
是完美男人该有的样子

他说
聪颖，纯洁，美丽
健康，完满，崇高
是完美女性该有的样子

他说
公正，健康，自尊

是年轻人该有的样子

他说
和平，壮大，富裕，节俭
是伟大民族该有的样子

他说
矗立，辽阔，丰富，健全
是一个先行国家该有的样子

他说
自由，平等，民主
是伟大的灵魂该有的样子

他说
文雅，平易，公正
果断，慎重，包容
是最值得尊敬的样子

他说
博大，正直，公平
是大自然的政治该有的样子

他说
正直，能干，漂亮，知足
心怀敬爱，体魄健全，神采奕奕
是理想人该有的样子

他说
普通，强健，全面，愉快
是这个星球该有的样子

他说
忠实，清洁，健康，健美
是伟大城市该有的样子

他说
勇敢，踏实，自尊
目标明确，气派高贵

是坚定的人格该有的样子

他说
自由，法治，节俭
是伟大国度该有的样子

他说
科学，道德，文学
是真正的新世界该有的样子

他说
友爱，正义，平等，法律
是新的秩序该有的样子

都是你我该有的样子

草叶

纪念一个值得尊敬的诗人
过去，现在，未来，毫不违和
宏大叙事，巍峨粗犷的印记
草叶的力量，洒脱的力量
满书泥草和本真，欢歌如天籁
浸润在大气磅礴的诗行中
横贯中西，文明思想的链接
与奇妙的知更鸟通灵

找寻有着强韧意志的草叶
裸露健硕的肌体，光彩照日月
掩书拍遍栏杆，轮廓明朗
浩渺的宇宙空间多么局促狭小
容不得我们大幅度转身眺望
在历史的开阔地遍种丁香和罗兰
一起在花团锦簇的麦浪上行走
给这个星球一个美好说辞

芸芸众生

行走在听雪的小巷，步上山巅
有悠闲慵懒的，有神色匆匆的
有四肢健全的，有步履蹒跚的
有面目慈祥的，有横眉冷对的
有朝气蓬勃的，有目光呆滞的
有得意洋洋的，有愁眉苦脸的
有头脑简单的，有老谋深算的
有身材苗条的，有躯体肥胖的
有曲线风流的，有僵硬呆板的
有前拥后簇的，有形单影只的
有热情似火的，有冷漠孤傲的
有光明磊落的，有自私狭隘的
有衣着华丽的，有衣衫褴褛的
有衣食无忧的，有食不果腹的
有心胸坦荡的，有心怀鬼胎的
有公道正派埋头苦干任劳任怨的
有敢作敢为为民请命不计得失的
有超然物外煮茶观涛气定神闲的
有腰缠万贯美女如云吆五喝六的
有栽赃陷害造谣污蔑作风不正的

有委屈伤心窝囊冤枉左右碰壁的
有男的，女的，老的，少的
大千世界芸芸，百般滋味皆有

爱，多么

爱，多么奇妙美好的情感
不可或缺，大自然自带的颜色
爱，多么复杂丰富的情感
由九十九个环节奇妙地串连
爱，多么激发潜能的情感
思维活跃，语言灵动
爱，多么不可缺失的情感
家庭，社会，亲朋，千丝万缕
爱，多么温情泛滥的感情
心有阳光，万物欢喜
爱，多么刻骨铭心的情感
一旦拥有，永生牵肠
爱，多么横刀立马的情感
热血沸腾，忘乎所以
爱，多么无奈难寻的情感
走着，丢了，像失散的羊群
爱，多么难以持久的情感
伊甸园没有开出保鲜的秘方
爱，多么柔软伤心的情感
让梨花带雨，芍药含泪

爱，多么挑战理性的情感
欲火焚身，铤而走险
爱，多么寡淡脆弱的情感
经不起风雨，瞬间形同陌路
爱，多么自私狭隘的情感
人性的底线，触动不起的神经
爱，在万物面前永恒和永在

直布罗陀

离海岸如此之近，构筑文明
终点，渴望前方的绿树和海滩
红色的海，地中的海，启动
一旦被发现，挤满了往来的货轮
大地上灯光通明，机床轰鸣
歌舞，碰杯，调情的声音
一往无前的自由，包容和豁达
微笑代替敌对，握手代替兵戈
青春里风度翩翩，闻鸡起舞
这个舞台的终极魅力，就此展现
抛弃愚昧，虚夸和不切实际
灵魂爽朗地在海洋大笑，呼吸

守着 *

一张描金绣银的老床
我们曾守着生死相依
床头孤独微弱的光影
依然摇曳着照在那里

---

* 本诗摘自 donald hall《The Best Day The Worst Day》。原诗为：
I sleep where we lived and died
In the painted Victorian bed
under the tiny lights
You strung on the headboard

我是你的一个

我是你的一个
冷峻的雪山，深谷，丘陵，沙漠
还有炎热，干旱，地震和山洪

我是你的一个
辽阔的湖泊，森林，草原，河流
还有山火，断流，污染，砍伐

我是你的一个
肥美的牛羊，猪狗，鸡兔，鱼虾
还有注水，防腐，掺假，伪劣

我是你的一个
人性中的正直，善良，率真，执着
还有嫉妒，懒惰，阴暗，狭隘

我是你的一个
我们生活其间

普照的光

自然的最高赏赐
迷恋的精髓和荣耀
一片光影世界里
透彻沐浴，周身温暖
不需要物质的给予
足够，独享一份滋养
每一枝花朵，向阳而生
活在这普照的光里
百毒不侵的自在
永远不凋谢的魂灵
占据着时空

天空的颜色

天空是蓝色的
洁净而悠远
享受时尚进步的幻彩

天空是红色的
强壮而勃发
像不可束缚的鹰

天空是粉色的
你的呵护下
万物滋润纵情

天空是黑色的
神秘而未知
星球恐惧地远离

天空是无色的
广大而虚空
弥漫着味道和氧

精神的池塘

诗总是不经意间
真实地对现实作答
纹理深不可测
像高大高远的虹
或激昂，或低沉
或直接，或隐晦
一泓精神汪洋的池水
丰盈着，纯粹着
荡起湿湿漉漉的影像
昂扬地展现在那里
看到了明媚的山路
看到了悦目的波浪
看到了红花和野草
看到了天人一体

星辰雨露

我是星辰
一生守护
忘了今夕何夕
我们不走了
就在这里
看黑夜里的繁星

你是雨露
一盏盏神灯
七彩炫目
你注视我的眼睛
柔软如刀锋
清空一切

我是风情
紫丁藤的枝叶
延绵的香气
花的纤纤纹路
穿越风里
礼赞圣地的婀娜

你是况味
转起的经筒
千年轮回的恩赐
神秘的经幡
看到今生的寓言
在三生石畔

生命里的遇见
不谢
行走中的亲情
不谢

诗歌啊！

诗歌啊，有你身影的地方
厚重的文字成了天然的陪衬
从冗长柳絮到落英缤纷
野蜂飞舞，在你的诗境里
只看到诗的踪影

历史深处，你的思想
足够阳光，健康，纯粹
需要用诗来表达一切
用诗来赞美麦浪和花灯
诗，已不是皇冠上的饰品

卷宗里，仰望你的迷踪
卓然身影，能够驾驭
语言和深邃，美丽的诗呀
你是九天玄女，补天的彩石
你是花轿上雅优的新娘

他的旅行

200年前，一个行者的足迹
男女，宇宙，自然，海洋，生死
诗打开崭新的疆域，直截了当
借喻隐喻暗喻，谈天说地的自由
窥见直抒胸臆的洒脱，快感
跟随你踏青，跋山，涉水，宿营
完成了400多次旅程，仿佛昨天
有雄壮，有哲理，有颂扬，有谩骂
布满自由，平等，正直，公平
你洒脱的笔触，穿透时空，今昔
同样以诗的名义，感受创作的逍遥
新诗风的开辟，和你一见如故
初春的味道遇见，听到赤烈的呼喊
有的火热，有的消沉，有的晦涩
有的浪漫，有的真实，有的虚幻
伟大的叙事，鲜活的灵魂舞蹈
一位思考者和历史的传承者
致以生与死，白与黑，主体与客体
现实与理想，男人与女人的敬意

花箱

花箱里栽满了各色相互依存的花草
来年拥挤的光阴里它们会不会纠缠

嘉措

黎明叫醒了黑暗
神秘的星空中异香
茁壮成长起来
浩荡在蓝天正中
连着圣湖

扶摇的天路传来
幽远的梵音
像飞翔的雄鹰
一双明亮的双眸
瞥见神圣的天幕打开

光明的种子
在喜马拉雅播下
竖起一座巍峨的峰
朝圣者不绝
文字不再孤单

伊利亚

首当其冲，散文诗里
经典自有经典的韵味
在浩瀚的书行里被震到
文字背后人性的加持
21世纪，见字如面
阅读你百年的智慧词典
美丽宫遇到解说员
不守舍，神同在的时刻
对你示好，穿着黑色衣袍
带着虫蛀霉味的古书
沉沉幽香，纸制的历史
已经为众生背上包裹
无人问津的书橱里
病人靠冥思汲取营养
无人问津的老抄本
早已化为光影的过去
万物皆备，流淌着
庄谐文字的血液
看到瘦骨嶙峋的影子
听到前生今世的足音

鲁拜集

“醒呀！太阳驱散了群星”
时光种下的万千情愫
随着黎明的叩门一起抖落
世间狂躁不安的躯体
在岁月的煎熬里只剩下絮语
大漠深处追星赶月的弯弓
留下一段饮血的记忆
刹那间，繁花着锦地盛开
如同天官禳星的仙丹
来呀！捡起路边的一缕残阳
燃起黄沙漫漫的红尘

行板如歌

在天空的亮光里
撒下一粒种子
用洁圣的颂歌陪伴
走过甜蜜向前的路途
太阳打下的烙印
倔强地跳舞
你是呀，我是呀
幸福劳作的花蕾
清脆的梵音
开在辽阔的原野
来吧，来吧
太阳与月亮私语
石头开花的舞曲响起
载着玫瑰的列车
阳光普照，嘈杂中行走
生命，熙熙攘攘
吃茶去，时光里涅槃
衣袖上留下的彩香
缀着无边的泪痕
斟满的酒，和着草梗

沉醉在安静的大地
飘荡着的红樱
在风雨中摇摇走来
那一瞥定格的光景
就是客居的故乡
厚重而缥缈

纳兰

心性与智慧的组合
生成一个时代的标记
石洞里神秘的天外符号
属于苍生，属于星空
站在山巅的智者
领略文化的通天河
构筑伟大和神圣
宇宙宏阔的叙事诗里
平行宇宙的纠缠
幽兰深谷的绝唱
颠倒乾坤的交融
展延不绝的缠绵
跨越世纪的幽长隧道
篆刻灵性的荣耀
向烂漫的真实致敬

你也喜欢风么

在你的诗集里，觅到了风
有风，就有共同语言和心居
不管外在的多么华丽
污浊和不怀好意
有风，就有纯洁的精灵跳动

在你的诗集里，觅到了风
风先生，风女儿，风的一切
自然洒脱，阳光下起舞
风，沉醉的风，喜欢你的抚慰
像安神的灵药，只一片就好

在你的诗集里，觅到了风
光的使者，迎着满目春讯
被摄去魂魄和眼神
你我在人世间，感受雨露
阳光，砂砾中满足地奔跑

你的品

你的高度，就是地球的高度
你的一切，就是人类的一切

你是健康自信的，开阔的，你的家
也必然生机盎然，春光无限

你是英姿勃发的，勤奋的，你的家
也必然充满活力，热血充溢

你是友善谦逊的，好客的，你的家
也必然雍容大度，海纳百川

你是光明正义的，阳光的，你的家
也必然凝聚众生，天地共美

怀揣傲人的骨气和纯真的性情
你千锤百炼的品，决定世界的品

夏花集

意气

意气，是无形的
袒露，把心扉敞开
让你住进来
一个闪亮的情操

意气，是浓厚的
乡愁，发之于心脾
在枫树叶片上
铺设向阳的思想

意气，是生死的
度外，为你奔走祈福
时光里，隧道尽头
写满你的名字

认领了那颗星

猫狗都睡了，风飘动
我向着繁星出发
望见会眨眼的那颗
12点方向，最亮的
第一眼，认领了
你我从此大愿许下
你就是我的魂灵

我们是相互的倒影
假如有一天分别
也能看到彼此的闪耀
偶然想我的时候
让思念长上飞翼
多远都来看我
你长久，我就长久

虫鸣，月亮的安睡曲

清凉的虫鸣
月亮不朽的安睡曲
越过矮墙的时光
轻扣柴扉
风中有你明亮的气味
像河边的青柳
高悬起爱你的旌旗
仿佛听到
呦呦恬静的心跳
融化在无边的静夜
登上山巅的时刻
纯净的光线
遍洒圣洁

没发出的信息

这条信息
在手心捂了很久
迟迟没有发出
从站台告别那一刻
风景已悄然溜走
分隔太久了
心已安放在缥缈
茫茫人群中
思绪如缥缈流沙
曾经努力飞翔
闪耀过你的河流
今日无处可寻
情感的彼岸
距离越来越遥远
你还在那年
我已经在这年

峨眉的灵猫

百年一遇的闷热
在峨眉山脚的小径
一只灰黑的猫
像幽灵，在丛林中
喵喵，会打招呼
上帝施了什么魔法
健步走来的猫
有灵性，有勇敢
不猥琐，不胆怯

一个时辰一次
邂逅，一见如故
充满渴望地叫，懂
你我认准了有缘
顿悟明天的相约
天还早，你没起床
一众善良的友人
一起来拜访

心在一起，虔诚

食物放在岩石上
我们就要挥别
神仙出没的地方
带走亲朋深情
还有你矫健的身影
愿生命长久
来年一定等候

并生的树

逍遥的鲲鹏齐翼而来
天下莫大于秋毫
正处，正味，正色
让他们在一起
山鹰，峡谷，麋鹿
河里跳动的精灵
秀美，挺拔，壮丽

沐浴伊甸园圣境
生来不材，止而不取
眺望久，气味相投
如此不凡，神圣，轩昂
忘却了周围的矮草
旁日月，挟宇宙
潇洒昂扬站立

光彩，不仅仅容颜
还有梦里蝴蝶，盆歌
精神和进步齐飞
风吹，摇动你的桅帆

纯净气息弥漫驻足
牵手，相互贪恋
向密林深处，奔跑

自在

活在明光里
只一秒
与世隔绝
内心被掏空
又异常充实饱满
周身澄明
给自己做个局
深呼吸
看到旷野

紫薇

俏丽的花晕
没有漂亮的裙摆
紧致，含蓄
像极了花仙子
舞动的魔杖
搅乱欲望的花海

好长久的花期
开得烈烈，悄悄
美好，安静
一树浓重的暗香
洒满山水一地
枝枝摇起的芳菲

愿存放一切记忆
用花枝做笔
用红枫当纸
在雨滴云墨中
写下四季的紫色
与你，只予你

南风里

恍若染上了风尘
已不见初春的芳姿
情天恨海的寄托
两股不同的气吹来
在树梢凝结盘旋
太阳沦陷在乌云里
红雀在采集能量
那向阳的春风
杀上山峦青绿的枝头
呼啸着，刮走茫昧
摇曳起千树花开
不见桑榆暮景

有关《三体》

当神奇的电波降临
火鸡科学家向枪手作揖
一切亦然失据
更有可能期待挣脱
被一种臆想左右
推波助澜，失去正确的
方位，甚至背道而驰
那事与愿违的因果
沉沦，迷惑而无措
忍受煎熬，亦不知晓
在无解中求证，急迫地
向前涌奔着，夹裹着
凄厉叫着走向祭坛
三体在蓝桥游荡
远古天高云淡的洁净
众生们浑然不知

将军俑

武陵园深处
石刻造像
它的铠甲坚硬
它的纹理精致
它的神态威武
上了不归路
冥冥之中
一秒钟的遇见
已经不是俑

桂花

都是过往的云烟
驻足或擦肩
午后闻到的桂香
延绵成一生的记忆
天生的缘分
抛却你的容貌
富贵和贫穷
颐和园没有别的
唯有满园飘香
那是你自带的味道
独一无二的喜悦
沉淀在脑际
十七孔桥的泊船

静止

你是最让人
心痛的，可怜的
你不该这样
如此匆忙谢幕
你的完成
是你的归宿
与其煎熬，负重
戛然而止也好
可野草也有倔强
化灰的分秒
草草收场
海子是主动的
你，不是
更觉得大地苍茫
震颤凄凉

故事

海里有神迹
大鱼如鲲
大鸟如鹏
房间里的童话
穿越山冈
门口的饮马石
不知去向
古老的庭院
放在那里
好神奇的古道

甲壳虫

有亮红的底色
斑点清晰，完美的
甲壳虫，甲壳虫陶醉
呢喃，在树干
短暂的停留，就像
飞机在长的跑道
待命，听不到
骤起的风，鼓足勇气
烈日下，不惧怕
小鸟们可怕的争鸣
每一片树叶都是
驰骋的舞台，喜欢
茁壮的绿，生命之色
映衬里，清爽的晨
露水湿重，把翅膀
拍打，抖掉暗影
骄傲地向着
灿烂的红幔起飞
高低都是，你
分明的姿态

蜜蜡

在拉萨的八角街
布达拉宫不远的集市
一束润目的黄光
高人指点，一见钟情
浸润过多少情感的吊坠
不再属于冰冷的橱柜
有了主人，觅到了归宿

我们注定一生的缘分
隔离了喧闹和尘埃
一起呼吸干净纯粹的氧
那间属于自己的禅房
左右着来往的视线
如此好命，如此优雅
这山上几世修来的善果
映着你最闪亮的面庞

乌云

来势凶猛，仿佛在
太阳和大地之间
建起一道屏障
一时间，阴云密布
握着黑暗的武器
对健康生灵，万物
露出狰狞的爪牙
恣意地狂叫

乌云，终挡不住
无敌的阳光
宇宙怎会惧怕
荒唐的丑陋
雷霆，上苍的使者
震落云的遮挡
洗去蒙上的污垢
大地一片明光

大戏

四年一次的你争我夺
无休止轮回的非难
辩论，揭短，谩骂
质询，争吵，栽赃，暗算
七天复始的唇枪舌剑
此起彼伏的怒火，铁拳
平民和贵族，议员和首相
骚动起大众的神经
洞若观火，唯有国王
愚笨，麻木，低下
不符合大众审美的事件
都会拿到厅堂上
反复地发酵，蒸烤
圣灵圣歌，昏昏欲睡

海子的海

听到花开花落
不需要可怜和唏嘘
生如夏花绽放
留恋不是他的本意
遍地诗情的绝响
胜过一万个忘我的苟且
不要把欲念伪装起来
匍匐猥琐着前行
像不动声色的面具
隐藏自然的高贵圣洁
宁愿变成烟变成灰
变成满天的繁星
在宫阙的尽头
面朝无束的大海
游历在花落花开

莱佛思教堂

繁华闹市里的一块净土
从头到脚神仙般装饰
这么完美无缺，高耸入云
在塞纳河畔，游船擦肩而过
无数人行注目礼，只为
蓝天下，耐人寻味的塔尖
单调乏味的神鬼故事
不知道行走到哪里，走散了
身体在太阳下裸露，面目模糊
空洞，无趣，漫无趣味
屹立在空旷高地，轰轰烈烈
幻影，大英帝国的折射
影像终将沉积在悠远的凡尘
随大地的震颤而去

梦境

悠闲的柳絮飞舞
二三十只灯火阑珊
天空沟壑起伏
乘着眩晕的花朵
带上莲蓬、杨梅酒
昆仑山上的神仙
今日下到凡间
高的是天，洼的是地
冷的是雪，热的是情
来往是天上的使者
悱恻思绪，驰奔
咖啡里加点盐
醉了，朦胧中起来
看见神仙做鱼

味觉

夏日的树
伸出苗条的枝叶
青涩的苦味
衬着浅浅的嫩绿
遍地花团锦簇
草香，木香，花香
自然的气息
激烈地冲击着
壮美的嗅觉
波浪涌出山涧
一片汪洋
轻飘飘的云飞
脚下生风

片刻

刹那间
在繁华中静止
天空只剩下湛蓝
销声匿迹
一片空的白
破窗而入的惊喜
忘记时间轮回
冲上天边的绛珠
巧情的仙草
拯救神瑛的灵
一念三生

饰物

颈项上唯一的饰物
诗一样的认知和品味
富足，简致和安逸
若有所思的飘移
薄雾涌起的静夜
花枝轻摇，芭蕉的雨
带烟云的花，含露
一望无际的沙幔
大海呜呜泛滥的汪洋
橡树下明亮的光
喝下这杯牵挂的酒
看到出发的精灵

咖啡

南方的果实
奇特神性的植物
摇曳漂亮满地
生命在这里淬炼
一爆，二爆
脱去春装的少女
漂亮的杯子装满
新奇的味道
青春的味道
南方的味道
飘着香气的心情
瞬间不苦

鬼面风炉

遥远的以前
隔海相望的国度
煮茶器皿，铁铸的
时光流逝的物证
这名字诡异，被拒绝
怕在房间里撞见
阴风下的花环
又觉风炉鬼面可爱
神秘，一种蛊惑
俗缘的牵引，几何
渐行渐远的足音
沉寂于冰凉中
可怕的鬼面
不知哪个不怕鬼的
舍得，相拥，成眠

回眸

谁为你设计了
匀称的曲线
青涩的窈窕
挽起的衣衫袖口
小鱼苗，蝌蚪
若隐若现的芙蓉
不经意地望见
回眸的笑眼
那年三月的景致
竟如此嫣然
在青春的角落
少年难抑的欣喜
时常忆起，那
怦然的心跳

画境

晴朗的午后
锦鲤摇摇而来
与天鹅追逐
清风微漾舒缓
海棠的香气
画境的白描处
凝固着，浸润着
温暖的水波
画成兴奋的涟漪
刹那的生命
跃上舒朗的纸面
撩动的心弦
花草迎风招展

空间

缥缈海市里遇见
格桑花，矢车菊
汇成漂亮的杰作
隔开无聊的嘈杂
还有多余的虫鸣
阳光雨露，清风
翠鸟愉悦地鸣叫
天上听不到凡音
黑白相间的里弄
筑起生育的巢穴
伴随着飘荡的心
轻松灵动的姿态
扬起双翼，肆情
向蓝天白云飞去

柳叶

撞到腰肢的绿柳
飘荡在水面，风的叶
与清澈的湖水调情
觅食的天鹅扰乱了倒影
柳叶贴上少女的蹙眉
漂亮的月牙，长亭
大的丰满，小的清瘦
长的苗条，短的俏丽
思雨的美，配得上风景
自然精致的脸庞上
因为柳叶，因为纯真
那些欢笑和泪水
把弯弯的春水吹拂
心香，小心有毒

洁净的温暖

梦中，又像现实
长长的走廊，欢声
整条巷子里传来
亲人真诚忙碌的身影
质朴单纯的笑容
锅屉上热滚滚的蒸汽
宽敞明亮的心房里
不设防的温暖
行走在陋室，平坦
又吝啬又难得
时光麻醉了许多记忆
留下心底的禅意

木槿花

一簇簇，一团团
簇的是叶，团的是花
于道边，于深宅
被绿叶依偎的枝干
散漫无序地生长
简洁，明媚，单纯
照映河边戏水的天鹅
白光闪过的地方
月上枝头，天然随性
遍布满地的野草
连片的白杨，银杏
独爱不修边幅的花地

风来了，雨来了

用来记忆，就像
南方的那场雪那场雨
弯腰凝望的小溪
还有时断时续的雨丝
斑鸠悠远的细语
希冀和怅然中静谧
刻印在山间石板路上

悄然飘下的薄雾
相约黛色的远山远湖
远方划来一叶扁舟
约定在风雨里起步
敞亭静听空蒙的梵音
萧瑟的夜半钟声里
留下思绪的空白

行远的山

七月的庐山
空气弥漫着潮湿
满屋子野菊的味道
刚刚雨过的山路
有青春明朗的跳跃
意气高扬的心动
路边樟树香气浓烈
曾经的刀光剑影
峭壁上悠然的瀑布
舒缓而优雅，还有
米芾书法的雄浑
弹指一挥，山川依旧
寻不到当年的气息
行走在模糊的记忆里
青春，遥远而纯净

花

秦淮河的花枝
风情的柳，如是
灿烂烟花绽放
它是属于人间的
春风里的柳线
联翩而至的红粉
那疏离的忧伤
荡漾的暧昧湖水
花蕊，花，果实
寂寥芳菲的夜
一场热闹的花事
寒山寺的祭者
无休无止地光临

秦腔

一个陕北长者
记得没有花腔的
秦腔，泥土的高亢
纯洁得像个孩子
眯起慈祥的眼
定格一生温暖

一个陕北长者
随风而逝的一刻
心不知在何处
潸然泪下
秦腔的光彩，浑厚
你从此不见

露珠

花香凝露
成串成片的
悄然光临
为纯情点上灯盏
晶亮的仙子
照着满天星斗
不让浓烈的油烟
侵扰你的围栏
金刚的咒语
扫清凌乱的时空
鬼魅身影
星光里，挥别
流言和野风

窗外

风如期来
崭新的窑洞
窗户外的景致
穿越过去
一个新世界
溪流，山谷
在飘香的树林
花开，鸟鸣
气氛渐浓
飞舞的彩蝶
衔住初开的蕾
蕊的粉抖落
骄傲满足

鱼汛

传奇的湖
仪态万方的湖
好大的锦鲤
嬉戏在水波里
狭长的地带
尾巴使劲摇摆
有什么值得
舍生忘死
看到了仙境
兴奋炫目的光
值得为此一搏
涌进凡尘

黑夜

纯粹的黑，宁静
没有灯火繁星
只看到自己，明亮地
坐在浓密的蕉树下
衬衫和牛仔裤
诗经，诗集，神曲
长夜落在身躯上
触摸每一寸的肌肤
清秀舒爽的脸
四周空寂的花草
临风轻荡起的香气
深夜的假面舞会
神秘地潜伏着
旅途上，琴声悠远
美酒，如织花雨

再生

肤纹可见
让灵魂附体
则是行走的美
亲吻，抚摸
雕塑的另一面
看到灵魂深处的
缝隙和深邃
生命如此靠近
几十年前的航船
依靠在避风港
经历了很多
走南闯北的夜
荒凉地奔走
再找不回
最初的模样

榕树

透过蔚蓝的瞳孔
在潮湿中驻足
榕树宽阔的树冠
像硕大的棚伞
挂悬着根根丝绦
那一缕棕色的发梢
找寻润泽的大地
深情的希望，就在
不知不觉中形成
清风中催促的新生
与主干挥手作别
生死相依的悖论
聚散在轮回中
乐此而不疲

彼岸花

在宇宙的背面
迷恋诱惑的鲜花
不能沾惹，永远
即便逆行相遇
坠入寂静的虚空

萦绕左右的异香
把华贵的气派掩埋
寻找涅槃和解脱
在星空交错的况味里
忧伤，苦涩的茶果

歇歇疲惫的脚趾
即使仙酒佳肴
那也是下一世过往
身后的彼岸花
诱人而冰冷

月晷

闲暇时
闪入脑际
十足的忙碌
飘飘移移
看不到的踪影

那样望着
呆呆地静观
回忆着，畅想
那么简单
多么美好

回音

白云聚合又离散
分不出彼此，迷失
浩瀚的天空没有芳踪
握手言欢的絮语
停留进清凉的倒影
人世漂泊的心灵
嗅到山河厚重的喘息
乐见繁花的盛开和
凋零流逝的惆怅
山石，崛起和幻化
旷野里雪落下的静谧
孕育骄傲的春雷
遥望波涛明暗的剪影
回音，清脆透亮

发生了

亦然发生了
瞬间无聊和空虚
沮丧和懊恼
不知为何的时节
时常翻开这本旧书
每一页都沉重
连书脊也是
把手放在这里
感受天地的崩裂
不翻开多好
废弃的坑道里
虚妄的遇见
空旷烦躁袭来
不知所措

留下来

已经很遥远
也许没有踪迹
我愿意在人海中
感受你的存在
曾经心怡的善举
寻找，不为别的
在记忆里回旋
走到哪里，会携带
这份不倦的深情
即使物是人非
在蛮荒的黑夜里
依然光明

夜的花

那朵花儿开啦
轻柔雅素的花香
和夜色的妩媚
模糊着，迷离着
树影角落私语
轻盈地战栗
海风里鱼儿妖娆
欢快地轻语
痴狂疯癫的夏季
让花儿繁盛
没有疲倦奔跑
一泓澄碧

俯冲

披着蓑衣的大鸟
从茂密的森林
穿过谷地，向着尽头
勇敢俯冲下去
抖落纵横的星辰
撒下遍地得意的流萤
转眼飞到枝头
进行又一次俯冲
空空荡荡的枝头
已没有荡漾的春意
和迎面的春风

高脚杯

高脚杯里，装着
酒的精灵
要慢慢地斟上
不要吓跑了酒神

溅出的酒会弄脏
要轻轻地
用拇指和食指
钩住酒杯细长的颈

摇动杯里的酒
待春暖花开
香味最醇的时候
一饮尽情

小心不要惊动
酒杯里的梦

在山谷里

沿着光明的小径
骄傲盛开在陡峭里
通天的野风高旋
桃花，木棉，风信子
几匹马几只猎狗
在蔷薇铺就的河道
寻找希望的归宿
山涧溪水清澈透亮
鼓起的山峦，巍峨
苍茫之中，进入墨色
眺望着，若有所思
触摸悸动的谷底

尾巴

尼壤城，楼兰地
一只漂亮的狐狸
蹑手蹑脚闪进房里
通体光滑，犹如白玉
进入了小小的身体

人与妖的邂逅
容貌和举止妩媚
左右摇摆的尾巴
善解人意的尾巴
只是，人不应该有

走在路上，收紧
生怕尾巴垂地
在饭桌旁，最担心
吃相露出“马脚”
讨厌坊间说摇尾巴

非常的尾巴
呼风唤雨的神力

荣光和依靠
尾巴上多了饰物
原来并不丑陋

清脆的雷声响起
小小下意识摸了摸
尾巴不见了
原来是南柯一梦
若有所失

写作

寻找安静之所
在鸟鸣虫醒之前
早早起床
备好纸和笔
大干一场的雄心
散乱，空荡荡
脑袋挤满了琐碎
笔尖被凝涩
看着绿色的窗外
无可奈何

曾经

石板路的街道
树叶缀满了潮湿
油腻像七月的瓢虫
便道上小心翼翼
生怕惊醒了飞絮
杨树蝉鸣纷杂喧嚣
怀念闻鸡起舞的早晨
星光，月亮，辛劳
杨树，银杏，柳叶梅
心领神会地行走
举起的旗幡，把天空
酝酿得湛蓝，湛蓝
生机盎然的收获
铺洒一地金光

过往

片断和片刻
构成流动的历史
一本80年代的书
被叫卖成旧书
转眼不淡定，老了
年轻飘荡的心情

不为别人设计
曾达不到的高度
天生有相似的人设
难以触摸的流云
昨日自我追逐的风
任性和傲娇

记忆

记忆像八爪鱼
不知何时钻出来
有幸福的愉悦
有烦乱的惆怅
雷峰塔坍塌下来
莲花台没有了圣洁
昨日烟草的味道
熄灭了阑珊的灯火
无家可归的流浪
时光角落里
等待落日升起

父爱

享受父辈的爱
不管富有还是贫穷
爱的含金量相同
无边，无私，宽大
一座遥远新奇的城市
依稀那场雨紧张而急促
单薄的衣衫已经湿透
装满书的箱子扛背上
在雨中轻快地奔走
免去一丁点麻烦，离开
遮风挡雨的父爱
不输那个著名“背影”
父亲啊，父爱的轮回
变本加厉的守候
还嫌不够，难以入眠
记挂受委屈的一幕
臭脾气和以势压人
忍受不能诉说的委屈
大抵一切生灵如此
本能，难以言表
惦念和幸福

星伴侣

神奇和忠诚，与地球
亲密的伴侣，不管位置高低
你是离地球最近的星体
相互的约定，每月的登场
永远是清澈亮丽的新娘

没有月光的世界，枯燥
多么乏味，多么缺乏浪漫
月球是地球不败的欢乐场
每个角落的仰望，欢喜
左右癫狂的诗情画意

不靠得太近，尽管亲密
更不能倔强地转身，离去
伟大均衡，公转自转
我们在宇宙的襁褓里
脆弱，忘情地吸引

瓷母

天子翻看着
石渠里的宝笈
清宓阁里的童话
万千宠爱一身
十八般武艺
一声令下宣昭
成就唐英的美名
乾清宫的灯火
点燃了瓷都的炫技
釉上彩，釉下彩
高温釉，低温釉
元青花，青白瓷
各种釉彩大瓶
瓷之母，风华绝代
不需要浑然天成
傲然地存在
异想天开的说辞
美，登峰造极

高山

缥缈地行走着
已然挺拔、漂亮
有魅力的气场
召唤左右的生灵
像猫，像狗，慵懒
庄园依山而建
灵光普照的景致

即使不动声色
山峦中总像鹤立
不同凡响，念念不忘
跨上骏马的身姿
扬起的响鞭，听到
潇洒吆喝，驰骋

江天激扬洒脱
大道之行风度尽显
燕雀为其止步
满天星斗的远亲
凝聚高能量的节奏
看到羽扇纶巾

见证

普天的月光作证
在地球和太阳之间
书写亘古不变的爱情
为了最初的承诺
已准备好远航的行囊
足够的信笺和情感
月亮是如影驿站
即使终将要走向终点
也做永远的伴娘
一起在暗夜里狂奔
无欲，抑或冰凉

朋友圈

打开朋友圈
曾经活跃的朋友
长时间不更新
不知发生了什么
是原来的快乐没了
还是诗意没了
是空闲的时间少了
还是已不再年轻
抑或少了几分清淡
常来常往的面孔
露出了小红点
晒彩霞和长虹
晒花草树木
晒凡尔赛的猫狗
唯独不晒自己

入梦

昨夜梦到风
不要放弃追忆
能进入那片领地
一定别有玄机
神祇的喘息
翩翩起舞的蝴蝶
满树的银辉
连接乾坤的通道
战马嘶鸣和飞翔
旧日的器皿和红妆
同声呼唤的烙印
茁壮在梦里

新闻

典型的王炸
迅雷猝不及防
眉目还没有看清
已经跃上头条
不知是看高了
还是走低了
抑或看走眼了
夏日，绿草茵茵
花枝露出新装
草木的诱惑
还是花的姿彩
依然在高处行走
缀满悠扬声响
跌破了眼镜

普善寺

在东山上，普善寺
传说朱帝有定都的遐思
破四旧，不得幸免
连残垣也无存，开阔地
寺庙只剩一个概念
阻挡不了朝圣的汹涌
不知灵光从何时起
修了高耸的大殿
盖了成排的房子
祥音和香品
人们笃信“灵得很”
每年“过会”，不分老幼
只要能动的，人山人海
不去打扰老人的执念

池塘

一转身，定格
最好的画面
初晴午后的垂钓
美好绽放着

在静谧的天路
完美的弧线
听着鱼儿的呼吸
清空一身负重

与阳光雨露共沐
所有打开的门
在圣境里，惊艳
依然无法超越

天鹅

黑白两立，世界的基础色
上帝给了黑天鹅和白天鹅
泾渭分明的容貌和身份
黑天鹅像黑键，从属和陪衬
永远是生命力旺盛的种群
一大排悠闲地站在那里
幻想着白天鹅的优雅和气质
白天鹅像白键，醒目和柔美
大地的优选者，在水里，还是
陆地，当仁不让的贵气
上帝给白天鹅带来了容颜
挡不住皇天后土的形单影只
羡慕着黑天鹅，成群结队
它们生活在各自的城里
伸长脖子眺望着对方

与长风结伴

风是大自然的长子
左右看地球的脉动
没有风，就没有万物
它到哪里，哪里就多了
此起彼伏的历史
风动，时间空间永恒
一切都变得爽意和美好
随云烟而生的波澜
起自早晨，起自午后
起自每一个月圆的夜晚
风使生命花开，雨泄
有你，嗅到遥远的味道
清河里水光潋滟闪烁
有你，丝丝秀发飘起
欢快的舞步和微风徐吹
有你，一切各就其位
昆仑山上盛开百合

影

影没色彩
是灵魂
站在灯光下
变得微不足道

离开光亮越远
身影越长
灵魂越洒脱
越高大

深深

自由的深深不浅
一千个夜晚作证
现代诗行进的节奏
抽象反叛了写实
写实不屑了写意
猜不透的谜，俗雅
马背上的鸵鸟
古体诗，抒情诗
意象诗，口语诗
白雪和阳春的世界
看到小桥和流水
精致的土壤里
高雅或直白
深深，转身的背后
有一大片新诗意
不浅的深深

青木

绿地
溪水
已经足够
狂肆一场
西边的山丘
小草茂密
东边的风亭
穿云渡水
无数的蜉蝣
为情
忘情

蹚过的河

天河是河
路边小溪是河
塞纳河是河
幼发拉底是河
宽的是河
窄的也是河
渡过了那一秒
河已不是原来的
你也不是
在长长的河道
留下跨越的痕迹
弥漫烟火气

风信子

风的一切
清新，干净
飘扬，明亮
与风相遇的刹那
优雅的仙女
阳光起来
自信起来
开朗起来
有意义起来
信子随风成长
开在春天
成熟在秋季
风家族里
多了开心故事

纪念一只猫

猫，有灵性
普通的小橘猫
刚抱来时
如影随形呵护
娇生惯养

天生受委屈的脸
我不喜欢
肯定有感应
从不在我面前
秀猫步

奇迹在这里
与它主人拌嘴
慌慌跑过来
摆出老虎的架势
向我发出挑战

胆小如鼠的猫
竟如此勇敢

真没白养
对弱小的生灵
多了敬意

它活得很长久
老寿星
死后装在小箱里
埋在大树下
怀念它

恍惚梦中
可爱的咪咪
变成一只温柔的
猫仙女
飞上了天

瑶公特

三界五行天宫凌霄殿
飘零着三生三世的前传
逍遥爱恨越过昨日烟
追赶天宇分辨出善善奸奸
本是情迷情痴忘却不了羁绊
偿还一生一世的木石前缘

盘起发髻天涯南飞燕
只为你踏破红尘露宿风餐
容颜不被风吹雨磨难
上下天光纵身上云团
放浪形骸跌宕起伏空谷山
寻找乾坤挪移里的涅槃

似乎是瑶公特里的微笑迷恋
一日十万八千里的缠绵
潮起潮落复始为哪般
终是放不下草木匝匝的野蛮
接续了九叠九重的攀缘
原是美的盼热热的天

哪儿不对

不知道哪儿不对
虔诚的外表下
没有传递多少真诚
寻找世外桃源的归宿

不知道哪儿不对
在浮光掠影中留下
断断续续的足迹
装点的潇洒，不为人知

不知道哪儿不对
刻意，虚情，逢迎
每一幕都是秘闻逸事
缺乏心灵的神交

不知道哪儿不对
肯定有地方不对

惦念

没有任何预说
平静的闪现
没有别的
只是书籍和纸笔
还有问候
依然足够隆重
看得出精细打理
在灯火阑珊的夜晚
多想拥有神力
幻化成多彩的精灵
让你无所不能
远离失望痛苦
百年的魔法
抽一支上上签
一生安然

小白兔

老人们诡异地说
深夜，那个巷子里
经常会看到一只小白兔
日有所思的杯弓蛇影
好像也看到过一只
蹦蹦跳跳，进入空房间

阴沉的宽窄巷子
儿时晚自习必由之路
似乎总鬼魂飘荡
白发女，磷火，荒冢
记忆烙在了恐惧里

挥不去小白的身影
自己养了一只，更惨烈
“小白兔，白又白，
两只耳朵竖起来”
小白兔，魂魄凌乱

神木

昆仑有神木
通天一百丈
泉水高高在上
枯黄的树叶下
泛着陈旧的古香
不动声色凋零
在经久的火炼中
雕刻成一只只
漂亮的木偶
漂浮在水面的草
蠕动的生灵

放空

思想静下来
眼睛微眯
把坏心情统统倒掉
进入你的时空
愉悦地眺望
蓝天空澄
芳草吐绿
白鹤俊骨
江山秀丽
悠悠万事
白衣苍狗
辽阔缥缈的清音
天上轻风拂浮
无色无味

佛香阁

佛香阁，阁景房
站在屋顶远眺
有那么多的断想
山后已看不到
战火熏燎过的痕迹
曾经的演兵场
风平浪静的昆明湖
熟悉的台阶门窗
斑驳残缺的静修
明月，蟋蟀，杂草
京城悠远的叫卖声
佛像护佑的净土
已物是人非

报应

险象环生的古墓深处
人点烛的鬼故事
王胖子动了大粽子的玉佩
被高大的僵尸疯狂追赶
胡八一令把玉佩放回
棺材，僵尸仍不依不饶
恻隐心萌动，带着两个
灌了水银的陪葬孩童
拼死一搏，重见天日
入土为安，天大的善事
报应，摸摸口袋
两块色泽温润的玉佩
明明放进了棺材里

轩昂的龙

小小的书签
只因为龙的图案
几行灿烂箴言
印进十六岁的记忆

一生的武装
心灵相通的护佑
这道灵验的符
让岁月高昂

白昼

阳光的白昼
欢快的鸟在忙
忽地飞走了
留下空旷的树和
满树的枝叶
盼着花开

数着太阳花
扶起弯细的腰
喜鹊偶尔来
看看已废弃的巢
猪拱着田埂
发出奇特声响

猫头鹰藏在檐下
烂醉的矮脚蟹
爬行在泥塘
露出张牙舞爪
小心狼外婆
狼外婆说

鼬鼠

鼬鼠，狐狸的心
纸牌里大象的克星
我行我素的威武
偷吃谷仓米
今夜星稀，行动
把仓门撩开缝
用鼻子拱拱
把身子探进去
赶紧缩回来
紧张得魂不守舍
里面的灭鼠夹
还有虎视的猎狗
整晚犹豫踌躇
在门口徘徊
鸡鸣狗盗起来

今夜有雨

阴郁闷热的夜
已看到天边云飘
准备了雨披和沙袋
想象中的大风
大雨，顽强的故事
躁动的午夜时分
树稳稳在那里
没有看到电闪雷鸣
即便远方也静谧
墨色里，半夜醒来
过了下雨的时辰
月亮诡异挂在那里
注视着不眠的人
听到蟋蟀叫，撩人

生机

赶着马车的羊群
逶迤在明亮的路途
庄园里嫩草萌动
悠远的歌声似天籁
醉去的羽翼，汪洋
大地不需要装饰
响鞭，白练，雀鸣
酝酿自己的灵溪
婆娑的阳光和战栗
迎着生机的清晨
预定下未来的承诺
待虫卵破壳而出
忘却了郊外的炮声

午夜初晴

没有预知突来，比预期畅快
天空的几声炸雷，洒脱干脆雄壮
大自然该有的样子，向闷热发出了
最有力的宣战和猛烈暴击
如钱塘江的浪和汹涌澎湃的呐喊
不可阻挡，急速而下的骤雨
冲刷掉泥污，还有闲言，碎语
风停雨住的午夜，愉悦再上树梢
蠢蠢欲动的蛙鸣，怯怯的蟋蟀
大自然的和声，从来不需要彩排
如此少有的和谐，美妙的协奏
山色清明，南山上的宝塔
陪衬着洗过的星星和清丽的月
高雅清淡静谧的高山之巅
素对着一片清幽的天空和思绪
膜拜高山流水的恩赐

别来找我

最近很忙，别来找我

忙着寻找世间所有美好
善良，温柔，热情，认真
我要去找寻他们，为了
同这个世界明亮相待

忙着向往昔的炉火添柴
明月，小溪，街道，长条椅
捡拾起青春的光阴和现场
叩响每一场心动的门扉

忙着向岁月写信和作诗
记忆中的绿柳，白杨，夕霞
以梦中的笑意为邮戳
载着花开花落的过往远行

我很忙，别来找我

西行

把困苦交给烈焰和寒冬，西行
上路了，在一个幽暗又明亮的黄昏
蹚过高大的衰草和荒凉的断壁
凉州城，从此远去

遍地黄沙里，透进荒凉的步履
向前走，迷茫而灿烂的天竺
在迦毕试，有花朵和毒蛇
消失的通天河上，看到信度

是去圣天佛国求取真经么
蟒蛇，药叉，孔雀王
残忍的鹰，假如来自虚空
寂灭神圣里遥远的光辉

善行隐忍的神，法力无边的神
在苍茫中是否已经安身
废弃的佛塔和天祠，成队的僧侣
大国王，四处张望的朝圣者

追逐舍利和佛骨，废弃的庙宇
黄金和权杖，饥恐的双眼
西行，西行，再西行
远离狂风和滚烫的晒经石

出海

踩着晨曦，整理好行装
渔网，鱼叉，一艘铁皮船
向蓝海深处昂扬地进发
大海上有雾，不时有巨浪
把船推向浪尖，又重重抛下
不影响打鱼人的心情
向更远海鸥飞翔的地方深探
江面开阔，鱼鹰前方引路
尽情地仰望蓝天，大啸无妨
这里是你的天，你的海
海龟，虾蟹，还有结队的鱼
珊瑚，沉船，海底城堡
一切都交给海上的明月
喜悦，失望，困难，收获
天色已晚，开心地回航
小鱼小虾可爱，乌龟睡眼惺忪
来吧，不要场面和仪式
蜗居在热气腾腾的小酒馆
一起喝鲜美的汤

风日好

今朝好风日
离开执拗诗行
沿着罗马古道深入
一个远方的梦境
寻找楼兰的山
满树挺直的枝芽
在璀璨的峡谷相遇
待放的轻音絮语
看到柳影虹影
看到茂林和修竹
看到天国宫墙
枇杷和小溪

重登府山

绿树掩映下
与鸟虫阳光为伴
越王台的斑驳印记
感受七年的隐忍
三年的尝胆
飞翼楼弥漫的硝烟
看苍茫激烈
纵横捭阖的壮阔
绍祚中兴之地
投醪河里的痛饮
会稽起雄浑的绝唱
俯仰之间
这一片新绿
这一方水土
这一派气象
茂密激昂的欢歌
气壮山河

秋月集

出发吧

我们出发吧
不远处有金桂飘香
还有阑珊的灯火
岁月厚重的纹理
镶嵌黄金般的思想
美丽而深沉

停留，为了行走
寻找一片惬意的地方
把心绪面对阳光
纯净的对话
潋滟在辽阔繁华中
忆起昨天的欣喜

昆仑山上的情怀
又一次被明亮陶醉
让时间颠倒
在明媚的灵光里
圣洁的高贵
卸下最后的矜持

爬上山冈的一刻
让满身的庸俗坠地
洪荒远古的传说
风景矗立，樱花粉红
强大的心灵感应
你在，我在

秋天来了

触到秋月婆娑的涟漪
水般轻盈的魂灵
泛起红晕的柔情蜜意
这无边无际的暗夜
丈量着深海无声的漫长
还有黄沙里的沉吟

枫叶正做最后的修饰
秋菊已整装待发
湖里的水宁静深邃
一片清幽素净，秘境
那个活蹦乱跳的夏
走出心底，留下踪迹

秋意

水墨朦胧的暗影
南山一束摇曳的桑菊
看到岸边秋树
清晨淅沥沥的秋雨
浸润心田，滑过肌肤
微风吹过，大片的足印
带来檀香的况味

鸣虫爬过衰草
按捺不住，枫叶下
深情发出呼唤
像极了恋人的耳语
穿过曙色，薄雾，晨光
那年的意气风发
装点楼阁台榭的秋意

半个圆

一条神奇光线
把露珠击穿
望见清澈的湖底
感应通天地的沟渠
给快乐捎去信笺

不舍得转身
留恋岁月的俏丽
停留在昨天的模样
枕着天边的慰藉
听着波涛细语

收集散落的百合
选一处如酒的风景
跃上幸福的山冈
揣着一轮明月
远眺神奇的云烟

蝉蛹

风让我坠下
远离树梢的争鸣
听不到雨声
潜入大地深眠

满身的泥泞
春水夏露
含汲着洁净
听到莺歌燕舞

落入凡间
像蛰伏的龙
祈盼满天星斗
呼吸着光阴

猛烈的风
追赶着大地
催动生命的轮回
跃跃欲试

黎明的躁动
伸展筋骨的蛹
抖落满身的慵懒
迎接新生

我已不是蛹
飞上梧桐的枝头
看到绿影成荫
满树高朋

走吧，向前

不停下行走的脚步，歇息
只是变换了一种步态和频率
白色的阳光，绿树的蝉鸣
一路撒下的香味，蝴蝶飞舞
健壮的马驹，挺拔秀美
善解人意的河流，下自成趣
不管生命几何，要让自己全力
发现乐趣和幸福，到处遇见
命运年轮的别样写意
不荒腔走板，失望自己
迎着朝霞，大脑活跃起来
自由独立思考的发散
向青山绿水日月星辰借光
生动，新鲜而亲切

等

用整个身心
期待一切的幸福
承接战栗永恒
画境中摇起风帆

岁月流淌的温情
融合了复杂的林火
相望的秋山
染尽多彩的霞光

今夕午夜
一个灵性的轻叩
即使隔着涧谷溪水
不再，游移

月球

与地球生死相依
昼夜不息相望
你我是神仙伴侣
徜徉在秋水的倒影
一片清凉的夜空
留下迷人的芳踪
温情里的见与不见
都如江海奔流
接受时光猛烈的冲洗
在萧萧无边落下的雪里
把峰峦林莽掩埋
愿是靠近你的云朵
滋润丰腴的沃土
与你深情执手
化为遥远的知己

无边的夜

没有风景的夜晚
看不到远方的请柬
快到梦里来
一泓跃动的池水

碎影织出的涟漪
天幕下闪动的繁星
宇宙深处的心跳
醉意的呢喃

飞来飞去的鱼
思绪深情的眷恋
誓言，已锁定在
无边的夜里

九月

柳叶优雅地飘荡
摆脱了慵懒的暑热
舞动起曼妙温情
地上的迷迭香
生出弯曲的枝条
悠悠扬扬，香散开来

蟋蟀们的心事
奏响初秋的合欢曲
难忘终场的相拥
畅想黎明遇见
一起把时间放进
自由的怀抱里

向禅意的未来致敬
洒脱妖娆地站立
种下万千相思的种子
奔跑的时光里
希望和承诺
下一个月圆来临

百望山

你摇摇来
风景的那一边
满山的云雾变成
多彩的图腾

遥远灿烂的记忆
扑朔每一秒的激动
聚起，又飘散
在百望山的深处

人世间的托付
含蓄地吞吐一切
进入你的领地
愿意彻夜不归

无私的冰雪
不可抗拒的风
让云，让雨
让天边彩虹长驻

鸽子

影子落在身上
像温柔如意的饰物
天上的哨音
风情万种的召唤
世界，热烈地搅动

洋洋洒洒一片
不期而遇的惊喜
留下轻盈倩影
在冰雪消融的夜晚
期待灵魂附体

变变变

乌篷船的醉意
停靠进昨日光影
弥漫在书斋里
眼前的光景流淌
已不可散去

白雪一样的心灵
小清河的水
飘荡不眠的秋色
十七孔的金光
映照着天上的星辰

心境明亮地谈天
遥看弯弓射日
霓虹下的跃跃欲试
秋天里的秋情
长城肆意的狼烟

一切都在变
阻挡不了的变

世间万物在变

西湖杨柳也在变

变变变

一线天

收获的是果实
更是惬意
漫步银杏大道
与秋风打个照面
一切都清爽起来
灵动起来
瞬间升腾起来

沉醉在往时
苦亦不觉得苦
南山下包裹不住
迎着月光上路
跑进湿润的空气里
聚起摄人的魅力
小扣柴扉

既然

既然
选择了远方
烂漫相融
就必须卸下
浓妆

既然
醉湿了衣衫
纵情一跃
就不再留恋
云烟

既然
与霞光牵手
云起龙骧
就应该尽情
际会

花前树

眺望
再眺望
风景下的历史
记忆的惆怅
看到白昼烟火
褪色的时光
翻开发灰的页面

感受
再感受
春天回归的足音
大地翻起红晕
听到山风的烈动
来日的新绿
莫可名状地生长

依稀
再依稀
红旗漫卷的深处
祥云杳杳升腾

似秋情沁润的土地
战鼓急促
暖阳照耀旌旗

如梦
再如梦
望见清流溪水长
云淡天高的夜
遍地莺语啾啾声声
煦风吹水
心意满遍足音

旧版画

当你认定它的时候
空气里弥漫着魂不守舍
纹理深深嵌进肌肤
忘却青绿山水的环绕
夕阳下枫叶的残影
随一条宽广的河流起伏
演绎出不同影像
坐在星光明媚的夜里
书写满室的经卷
种下一生不忘的秋果

痴月

多少次凝眺
与你灵魂相约
多了一份幸福惬意
安静的夜空
相守宫阙的云端
你安之若素的神情
让我留恋忘归
这满地的绿草鲜花
是你轻抚的嫁衣
在你的欢歌里
遍撒忘情的光阴
远离飞短流长

自在

满秋的时光
已不见当年青柳
长长的枝条
孕育出满天气味
飞逝的花
满杯的酒香
诗行在灵感中
肆意地延伸
诗圣们的气象
坚定承接着
冲上仰止的路径
不辍地眺望
意气风发地行走
这附体的潇洒
自我愉悦
自我满足

夜晚

透过绿树的帐幔
昆明湖荡起的红帆
难以归放的思绪
映衬在波光的尽头
风中摇曳的千年古刹
占满了整个画面
依稀原乡缥缈的炊烟
低矮的围墙和竹篱
载着岁月的泪影
飘进久远的书笺里

天凉了

进入你的幻境
把红尘宿怨了断
在空明透彻里
飘下如洗的禅音
高山是你的臂膀
蝼蚁是你的护卫
不用寻找野渡横舟
进入你的时空
雪境里的别过
淡定了过往
没有嘈杂的魑魅
无涯的净界
大愿为你许下
绛珠神瑛的遇见
不需要因果

猫

我是你喜欢的
爱打瞌睡的猫
黄皮肤俏丽猫
可爱单纯的猫
喜欢酸菜味道
喜欢与你胡闹
抓得沙发凌乱
来去自由逍遥
心结千千的猫
又愿意又担忧
怕失去你味道
怕说我是坏猫
我喜欢依偎在
你的床边看你
陶醉无束睡觉
蹭蹭你的鼻子
感受你的奇妙
拉拉你的手臂
在你怀里撒娇
多情躲闪的猫

我善变是因为
我是你的乖猫
任性爱你的猫

信使

是的
那个夜晚如期到来
数着天上的星星
一个个亮起来
不是为了装点夜空
而是成为我们的见证
犹如天女光照人间
静挂在星空中
闪烁灿烂的光亮
饱饮滋润的雨露

是的
霞光里种下的许愿树
云幔织起白亮衣衫
成为远离凌乱的庇护
一起举起浅饮的酒
划向天空的云帆
留住片刻安详的余温
又看到自在的模样
摇曳起漂亮的红烛

洒下难以拾起的泪痕

是的
那是肯定永不忘怀的
儿时青涩的光景
从此心里住下敞亮的暖屋
几十年依然鲜亮清晰
如神奇灵验的寓言
在冬日寒鹤惊起的夜里
与你陶醉其间对诗
时光总让未来记起
触摸快乐锅庄里的悠扬

恐惧

突然来袭的恐惧
是对亲人朋友的揪心
不愿意听到电话响
不愿意听到没有想到
不愿意瞬间空荡荡
不愿意太阳西沉
偏偏思绪像一条蛇
时常跳进脑海
抹不去的忧伤
生命终归要落地
哲学，神学，宇宙
在时空穿梭而行
每一位亲人和朋友
你们长久
我才是我

望月

兴奋中
天穹下的星斗
月牙初上
每月的相会
贯天通地的光
竟为你潸然泪盈
坚定不移

每晚的期待
醉心张望
饮尽一泓清泉
岁月酿情
起舞的蝴蝶
融进朦胧夜色里
晕染人生

山巅时分

约定不散
只一秒
月牙跃上西山
滚烫跳动的距离
美妙的弧线
透亮的心

过不完的夜
剪下半片月光
与你做曼舞的春衣
一万种爱好
选择了与你同行

热烈的月夜
划过岭南的春天
小草嫩芽初露
山丘平原大河奔流
载着满怀的希冀
冲进山谷

仿佛藏着
百般滋味的池塘
你去沐浴徜徉
既化了蝶
就在月光下
灿烂绚丽地飞翔

青春的记忆
写满在眼波里
相望的山巅时分
看不够的风景
依靠在月的港湾
欣赏多彩涟漪

管一万年
永远不会变
月夜雨打芭蕉
满页清脆的笛响
愉快地荡漾在
洁净的天空

上弦月

伫立在清风里
享受明亮的陪伴
玫瑰的花蕊
倾心的向往
摇曳的心弦
不经意的注视
存留惬意的色彩

含苞于九天上
裹藏不住的稚嫩
性情若隐若现
神秘而自信
不忍移动脚步
瑶池中初妆
惊动仙女下凡

看不见脂粉
纯情无邪的你
远离了平凡
随风随云

幸福地奔跑
黛色朦胧的思绪
涌向光景

下弦月

我要走了
从你的心底移开
已经心满意足
每个酣睡的夜晚
在夜空中优雅相望

不愿意落山
远离温暖怀抱
从此忧伤地闪进
遥远的冰冷
看不到绿水和林树

等我再次光临
也许你是我的爱人
也许是不想见的路人
这没关系，只等来世
能再与你相会

我不能回头地走了
尽管舍不得

也必须与你抱别
做一颗爱你的星辰
心满意足，走了

氧

风一样
越过唐古拉山口
只为一睹芳容
鲜花着锦
冰雪苍茫
山巅的灵魂
空谷鸣唱
何夕复今夕
山鹰追着鱼儿奔跑
日光充盈
满载快乐的氧
离开梦想的天际
带着永恒
前行

银杏

无出其右的美丽
远离了衰草的粗鄙
亘古世间稀
亿年练就的态仪
名门下，风姿绰约
若即及若离
穿越绝唱的时空
凝固了呼吸
忘却了自己

等你出现
待放的萌动心绪
似杏非杏的花雨
还有那一曲
情随事迁的兰亭序
上天入地
缭绕在寰宇
只因为临风而居
挥不去

皎月映衬如洗
婀娜的身躯舞起
收藏着春秋里
开天不变的传奇
刀山火海冷极热极
锤炼了奇迹
从此忘乎所以
苦涩的青春
书写金黄的诗意

叶叶关情纠缠
在你的怀里小栖
书笺里有你
这干净的白垩纪
飘洒出一地的记忆
净洗的肤肌
黄金的叶毯编织
仙草飘落凡间
喜极喜极

清寂

二叠纪，定格了三叶虫
隔绝了噪声，从此
不用再花前月下

天空湛蓝，销声匿迹
穿越时空的香气
拍打翅膀破窗而入

时光隧道里，风平浪静
一望无际，彼岸空无
橡树下天水相连

听不见风的夜，百无聊赖
心弦，像离散的水滴
找不到海的方向

仰望欢愉的长空，停留
在驿站，风中的花朵
为爱，摇曳露营

月半弯

秋色的黄昏
俏皮地挂在那里
纤纤完美无痕
婆娑清丽的身姿
光亮的释放
进入你的叙事
今日的弯
我是你的相思泪
明日的圆
你是我的忘情水

假如

假如你是彩霞
我就是漫游天际的云朵
立在天边
映衬你天生的美丽

假如你是流星
我就是陪你穿行的夜空
万里浩渺
只记得你的踪影

假如你是焰火
我就满载着芒硝和柴草
驱走暗夜
欣赏你绚烂的绽放

闪亮的光

我们拥抱在幸福路上
高尚，智慧，先进
剔除凌驾在头上的欺诈
不符合人性的虚伪
恶意，包括一切秽语
即便痛苦，生死，泥泞
也不与保守僵化为伍
伟大智者，挥起斩妖剑
明与暗，善与恶，公与私
在正义一边，盛装出场
划出一道闪亮的光线
看到不寂寞的英雄起舞
大风筑起坚强的防线
参透万物，让思考保持
纯粹脱俗的高光

初妆

翻山越岭
来到你面前
只为洗去风尘
寻找初妆的烟雨

一抹的遇见
山谷上的烙印
路边的野花摇曳
梦中的楼兰

天那边有故乡
远方的海角
心灵的栖息地
无醉的夜晚

承受星月起落
等待如锦的繁花
畅旺的娉婷
再来，醉来

白月亮

正午，正好
悠然挂在那里
透彻欢喜
地球上的响动
不管白天，夜晚
你都在那里
注视，沧海
万千的灯火
在午夜的月里
惊奇，闪动泪盈
月神来了
原来不曾离去
难以阻挡

不孤独的鸟

在树枝上
哀伤地鸣叫
妈妈飞走了
你还没学会飞翔
失去了天空
无处流浪
孤独的背影
谁让有缘
将屋檐借你
收起凌乱的羽毛
第一束阳光
照向你的翅膀
满怀希望去吧
踩着爱的节拍
结伴飞向天空
开始光滑柔亮地
寻找妈妈

风啊风

流动的风
为春天的大地披绿
带去树上的星光
一望无际闪烁

大河深处的波澜
钻心的悸动
手中的经卷化成了
潇洒飞翔的鹰

起伏的花海
跌宕蝉鸣声声
时光倒流的约定
停在风啊风

不如不见

幻知的情感
没有太阳，有黑洞
恐怖，撕裂
一厢情愿的遇见
瞬间鸟语花香破碎
影像缀满泥泞
留下长长的阴影
不愿看冰冷的谷底
恍惚中拿什么
奉献给温暖的世界

陌生的天空

天边的彩霞
沙漠的蜃景
虚无的执念
石头高悬在头上
难以下咽的粥
直冲胸臆的瀑布
凝固在半空
菩萨冒犯了神灵
纸一样的圣洁
传来似火的号角
杂念抖落干净
十足的好

偶寄

逍遥的笠翁
像一个得道的禅师
磨平钢杵上静坐
天气略显阴郁
二十年前风光正浓
李渔和余怀
在香艳的舟蒲上
王月与朱斗儿
美貌艳压群芳
张岱风度翩翩而来
暖阁里琴笛悠扬
秦淮河的风情
闪动着轻佻和艳光
寒塘里野鸭惊起
轮回恍若一梦
醇香的老酒
迎着风声雨声
活出少年的滋味

心弦

躬耕于南阳
云鹤带来酒香
今日可好
被记挂被惦念
感动了心神

晴空里一起
看翻滚的云烟
看烈火中的蚂蚁
惦记嫩芽吐翠
为天凉作祭

黄昏的山亭
灯光下的雨丝
拨动微风的心弦
多情的绿柳
舞动淑雅的裙摆

锁在黑的夜里
看不见大雨浸润

鹭鸶的呢喃
山的精灵充盈
飘荡在幽远

浅草没马蹄

彼岸花已经醒了
在嘈杂的沙沙声里
放声大哭，抑或高歌
曾经的鞍马已化为
草原上的炊烟和粪土
向着前方执着出发
寻找猎物的柴狗在追逐
太阳落下的眼泪
草啊草，得意地忘了
马踏飞燕，只等
那熊熊的烈火烧起

上海，海

上海，海上海
不属于你我
几千年修炼的珍宝
精神和气质
一片海，蔚蓝色

自由地向前冲
那里奔流着
中国人的品位和激情
里弄里的便当
咖啡和老酒

上的海，前行的路
思想，不能塌
民族昂扬的出海口
谁都可以随意，你不能
丧失自己的姿态

空彻

人人都要
发出第一声啼哭
平等的呼唤
错落有致的精神
越过临东堡的城门
高屋和峡谷

智者的天眼
参透万物的归宿
石头，树木，大风
一切的灵性
皆有自己的位置
源自心中光明

博大的时空啊
包容一切，一切包容
犹如忘情的星辰
向黑暗处飞逝
留恋无涯的天际
皆有出处

凤尾竹

葫芦丝的乐声
缠绵悱恻的光影
住进了婀娜的梦里
岁月渐行渐远
记忆越来越清
月光下的凤尾竹
藏不住青春的驿动
将快乐嵌进光阴
铺满愉悦的村落
凝等鸟语花香时分
相约黄昏的乌篷
一起夏夜漂泊

秋雨

南方的秋风秋夜
笼罩着空蒙的思绪
轻打芭蕉的雨
拨起心弦的起伏
石板路磨出的印记
是情思，是恩宠
是浪漫，是闲愁
那文人眼中的景致
唤起潮湿的心动
若隐若现的花纸伞
载着多情的雨夜
和满天的渴望
伴着寒秋的虫鸣
与你野径漫游
雨的秋，秋的雨

鬼吹灯

鬼吹灯里
妖成了主宰
歇斯底里的呐喊
羊被吃掉的惨叫
光阴里发抖
大道遥远的禅音
苍天月色朗朗
响亮的晃动
翻江倒海的轰鸣
吊打着空气
丑恶的蛆在寻找
大地的洞穴
张牙舞爪的兽
香芋有毒
左右一切的
鬼眼图腾

明亮的光影

绿柳掩隐了时光
琐碎越来越远
篷车上书写
飞絮飘荡的思绪
风不动的清新
远方鼓角和车水
童年的嬉闹
隐约离索的芳踪
住进花香里弄
阑珊的雨巷

在光影里看到
载歌载舞的人群
感知的风和云
下潜到情感的深海
与星辰交谈
拥山河入怀
登上遥远的山巅
欢快荡漾起来
留住温暖的模样
一起品尝

苔草

我是一棵苔草
不，应该叫一簇
也不，应该叫一堆
在背阴处，在树丛里
不管怎样称呼
坚韧是我的标识牌
顽强是我的风向标

我是一棵苔草
没有招展的衣衫
当一阵风起，雨下
就会密密匝匝地生长
赞叹野蛮地生长
不是书香满屋的门第
也积攒登堂的勇气

我是一棵苔草
只要是大地，哪怕贫瘠
都能率真地崛起
这么多挽手的兄弟

相互遮风挡雨
何惧花海飞短流长
落英昼夜纷扰

我是一棵苔草
在相望的秋季里
银杏脱去华美
梧桐落叶凋零衰微
我还存在，这已足够
把绿之色遍染
繁衍四处的生机

我是一棵苔草
坐不改姓

清水湾

不迎合造作的美
湖边的绿柳飘荡
野性优雅和幻彩
不需要说辞证明
倾情漫天的雨雪
或柔或烈的湾水
水滴在荷叶聚起
自然广阔的风里
寻找天大的乐趣
心动着明月云影
悬在至纯的天际

光线

秋天的清晨，微风促动
树叶泛着亮光，轻快地拍打
甚至比坐在秋风里的情侣
还要愉悦，阳光照下来
穿过叶片的缝隙，星星碎
色彩在自由惬意地转换
展现出活泼的腰肢和线条
透过窗棂和花箱，一幅画彩
在美丽健硕的知更鸟上
光线流动着，轻盈着
生成四季的颜色，万物沐浴
多么悠然自得的秋天
舍不得浪费片刻的喘息
就像不忍看到折多河
纯净倔强的河水，一去不回
置身在这透亮的空气里
目不转睛享受温热的光线
营造出晴光的气场
感恩大自然无我的馈赠

波涛

海上幽暗的波涛
伴着漫卷作响的西风
无休止地冲刷海滩
同样的动作，升落中
浪疲惫，海也疲惫
看不到浪花的变化
听不到海龙王的赞扬
猛的浪，阴险的浪
迫不及待涌上岸的后浪
哪管前浪摔得粉身
哪管鱼儿遍体鳞伤
索然无力的大海
不知身在何方，茫然
摇荡着，摇荡着

秋之色

风已经凛冽
为每一个夜晚
涂抹最温情的颜色
借用自然的神力
用纯洁的丝线
编织靓丽的彩衣
红红绿绿黄黄橙橙
天上的流云游荡
热烈地碰面
像倔强的老友

北方自有韵味
漫天的秋风
与松鼠刺猬一起
欢快的躯体里
为花草树木洗牌
猫头鹰缩起脸
可爱的眼波纵横
编排着人间悲欢
盛秋的夜色里
传来艳丽的笛音

走过路过

一捧黄土的归宿
你经历着的一切
都不要得意洋洋
鲜花的繁盛衰微
痕迹，只是一瞬
做了想做的一切
不值得怀念炫耀
事过境迁的绝唱
陈年老酒，味道
全凭品尝的爱好
情思，大浪淘沙
多风光也要退场
井底青蛙，甚或
圣迹，细沙野菊
还有即逝的彩霞

即无

凡尘中飞驰的鱼
主宰着宇宙的光明
地球，树木，山石
无思，它们与你何干
坐在时空隧道感受
你的生，触不到的死
咫尺之间遥不可及
花非花，草非草
无的世界，充盈着
你我，不是不存在
看不到彼此灵魂

空气的味道

空气里弥漫着
不属于自己的味道
刺鼻的味道
迷散的味道
喜欢的味道
厌恶的味道
无色透明的味道
穿过思维而来
难以消散的记忆
战栗，穿越生死
周身不能自持
若有若无的禁忌
在野牛谷找到
多情摩羯座

日月明

乘着星光，大鹏降临
在一片生动的海滩
椰树，鲨鱼，嶙峋的山
向着深海奔跑的鱼
是逃离还是进入水世界
你的王国，你的色彩
日的月，月的日
月离不开日，日离不开月
日不是月，月不是日
无数的鱼，成群的蝌蚪
做最后的祭奠，碰撞
二月二，龙耕耘在田上
古书分明记载，过不多久
日便是月，月便是日

印记

跟随圣天的霞光
浏览了世界
发出最后一道旨
历史留下神秘扉页
老者终将老去
生者终将新生
不可改变的天道
生活在炫彩的时空
数不清的智者
打入地狱的恶
历史论定的真假
云已不知星辰
生活在瑟瑟风里
为秋天梳妆

岩缝里的草

风中摇曳，你简陋的裙衫
一眼就喜欢，在岩缝里的坚持
嫩绿的芽，瘦小的花瓣
你的美从这里散发出来，胜过
精细涂抹，既野性，又自由
高大的灵魂，不服输的倔强
你的草香自然单纯，不输
名媛闺秀，健康的，有质感的
持久不变的浸润，袭扰心脾
也曾在松软的泥水里摇摇欲坠
枝叶无力下垂，面色憔悴
弱小而卑微，等着风暴过去
根扎下去，你的头执着抬起
用全力抓住云缝里光亮的照射
一僧一道，带来红尘的养分
风吹过，依然花香带泪

倒影

盛装中出行，行影一体
你的形态也是宠物的形态
厮守出相互灵魂的倒影
你不修边幅，宠物披头散发
你沉默寡言，宠物不动声色
你长得胖，宠物必不瘦
你处事圆滑，宠物也乖张
你有高发髻，宠物有冲天鬏
你心思缜密，宠物必不轻狂
宠物开心，你肯定高兴
你的爱憎也是宠物的爱憎
你遛它，它也遛你
你惯着它，它也惯着你
它是宠物，宠物是你

伊莎贝拉

执着地自我赞美时
一切都无济于事
我信，比不信更可怕
一个孤独歌者
站立在诗的高山上
用自己的频道鸣唱
只有零星的回音

先锋的口语诗人
注定像写字式书法家
缺乏静气凝神
唯我独尊的潮流
带不动时尚的节奏
满身泥泞和杂草
不加修饰裸奔

平铺简陋的样式
直白地行走
摆脱了情调的束缚
终极话锋一转

写出寻味的哲理
隐藏多少玄机
也像极了故弄玄虚

一个别样的行者
摇动手中不展的旗
旁征着，呐喊着
值得发自内心敬佩
你不服的执着
即使不能成为主流
也有悲壮的光亮

仿佛

那是心的神游
遥远的城市
回眸，矜持地
彩霞燃烧着
冰面上的滑翔
明亮的树影
一大片耀眼白
印刻进想象的脑际
少年的模样
冥冥中感受着
你的存在
不知身在何处

叶子

没有相同的叶片
有的干瘪，有的厚壮
有的修长，有的短小
有的繁复，有的单调
叶子并不生而艳丽
依仗天光水气的滋爱
越娇嫩，越见不得
阳光的照射，听不得
战火的咆哮低吟
窥见青绿示人的背面
完美，但不能倾情
片片丰骨依然
片片各美其美

诗的欲念

泛自天边的彩霞
敲响浑厚清幽的暮鼓
倾情向深处张望
点燃心中璀璨的灵光
诗道像笔仙附体的天马
纵横于日月星辰山高水长
为大千世界作注，颂扬
情感是生活的锦绣衣
灵感是诗的催化剂
索引每一个角落的高地
脱去虚假矫揉的外衣
虔诚于万物的神圣
沉浸原上绝美的情操
明亮处留下多姿的光环
需要用诗表达的时刻
一切退场，只剩下诗行
在文字的背后，看到
跑来跑去的灵魂

天地人

智者站在昆仑山上
仰俯太阳，地球，月亮
森林，河川，沙漠
阳光无选择普照大地
不分人类，动物，雌雄
乞丐，囚犯，平民
月亮不知疲倦照耀发散
牵引地球潮汐脉动
甚至还有不知道的什么
左右世间万物的起居
不要嘲笑那个忧天的杞人
在十分遥远的某一天
天边的太阳失去光泽
抑或没有了如影的月亮
地球变成冰冷的陨石
我们情怀深沉的灵魂
不知安放在何处

妈妈衣衫最上面的纽扣

天南地北的孩子
多远也在妈妈的襁褓里
永远不变地跟随
即使电话没有回音
也能设想出各种理由
想好的抱怨变成了
婆婆妈妈的叮咛
妈妈衣衫最上面的纽扣
那精心挑选的杰作
白天暖着，夜晚收着
抬眼望见，低头看见
冷了惦记，热了挂念
妈妈，铺天盖地的阳光
孩子是妈妈灿烂的花

花样

置身山河之间
翠绿与金黄
散发出不同味道
如此情不自禁
善良敏锐的步履
从不约见慌乱
花团锦簇的周围
青柳摇动枝条
天真烂漫的鱼虾
前行，呐喊
来到这个世界
要活出姿态
满眼清爽的光景
饱含别样温度

迷径

一条迷径上穿行
有时清醒，有时迷乱
规划师冥冥而来
写下谜一样的谶语
过往懵懂的生灵
向未来匆忙一瞥
编织着思维的罗网
盼望地平线闪出新绿
五彩缤纷的站台
静下来，数年光景
面对漫山红遍
多么倔强的思绪
都是笔端驰骋的幻象
欣赏每日的晚霞
数着月亮的起落
窗外春水汪洋的大地
南山辽阔的桑菊
闲茶，鸟鸣，斗笠
载满青春的马车
如染的过往

回到席慕蓉

一首诗该有的样子
文字的最高境
雅致的美，哲理的美
抒日月之胸怀
发人性之幽情
诗界的别致和突兀
能登上高处的灵魂
广大的慰藉，博爱的
洒脱，不动声色
如同驾驭大江大河

诗是文字的精血
不排除异己，粗粝
拯救艰涩和平庸
一剂清凉的雅趣
流淌着高贵的经纬
大草原的繁花和马群
充盈天地的张力
贯通蓝天白云的血脉
人类至高的情感
汇聚起千年的诗道

诗魂

人生的全部秘密
浓缩在淬炼的诗行里
诗的高度，文化的高度
当诗进入你的脑际
足够了，爱，即便仇
寻觅，诉说和记忆
在这个思维空间里
江河孕育积淀的文明
高雅高贵高级起来
包括空间，包括时间
包括伟大的作品

没有诗的国度
终究缺乏灿烂的色彩
诗歌，最高的段位
进入了你的叙事
笔尖能流淌出
升华的精神和气质
无关冷暖，无关贫富
唯有响彻空中的诗行

拥有诗，一切站立
沉浸于春夏秋冬中
以诗的名义前行

印和影

闪动的人群中
那个便当还有余热
延续了夏日光景
和亲手打理的味道
触摸每一片纸
听到远山响起的笛音
混合着满盏的记忆
不管路多么悠长
多么冗絮久远
已经刻下的印记
留停在心动里
不时泛起的涟漪
赶不走的痕迹

鬼洞

盘绕在心房的景色
真实的幻境，触摸不到
野狼谷中集结的鹰犬
像朝圣的羊驼佝偻着背
没有遮挡，降低身段
一树的秋蝉拍打着双翼
凄厉空旷的虚张声势
阳光折损在干枯的河里
满山野麻雀的身影
太虚仙境行走的僧道
腐朽破败的虚妄
几声装神弄鬼的咒语
荒原上裸露出石像

晴空的鹰

鹰是用来飞翔的
山巅峻岭之间
即便没有广阔天空
头也要向上高昂
搏击在风雨里

羽翼闪烁着
蓬勃的光舞动
你的姿态已经铸就
面对山洪的咆哮
永远不能降低
飞行的高度

山在等

山扎根在那里
缭绕的云朵
穿越时光的隧道
在呱呱坠地的一刻
满山的苍翠鲜明
燃烧起来的光
借着南方的彩霞
满身的艳丽

山是定海的智者
我爱山，转山
生活的凛冽
浸润了山的倔强
一束野花
一声鸟鸣
像竖立的芦苇
与大地相依

盛开

最漂亮的花籽
镶嵌进神圣的大地
在流光中溢彩
奇异花种的优选
埋下眩晕诱惑
红艳艳的，喜悦着
铺设着美景良辰
卸掉多余盔甲和琐碎
时空战栗的暖房
锦绣的怡情怡心
静静落下婆娑眼泪
妖娆纯净，淡然
和谐，优雅与笃定
安放梦想的心田

秋夜如丝

远山连绵的秋雨
白头鸽悠长的鸣叫
冉冉点缀在那里
放大了寥廓的空寂
嘤嘤软软的细语
置身没有睡意的星月
如丝的空气里
听到花仙子的呼吸

空寂古老的街道
也有风丽景嫩的你
滑过纤细的小桥
月光下留下的诗行
你无眠，我无眠
在黎明前翻山越岭
握着含露的枝藤
攀岩，不再回来

列书

书的列兵
安放在那里
接受挑剔的检阅
翻开你的扉页
接续着昨天的记忆
书者的心灵告白

也突然百无聊赖
生活在别处
疑问书者的忧思
人间的价值
什么样的灵魂
参透书脊上的灰尘

大彻的灵魂叩问
一时间又徜徉起来
在百年游走中
经历了岁月蒸烤
等着卯时三刻
出现激动的契机

繁杂的时空里
也许，无人知晓
期待似曾相识的遇见
依然执着地坚信
翻起故纸堆里的遗忘
我们苍茫，渺小

为诗焚香

神秘的教义里
一定有你的位置
美丽翩翩起舞
你的诗行
或直白或含蓄
或激昂或颓废
或十年千锤
百炼锻成
或一朝一夕
一见钟情
把灵魂的贞操
印在诗行里
有身体的精血
裸露的心绪
在阳光里
在苍穹下
高傲地初萃

苏武牧羊

一望无际的辽远
记忆中的羊群和你
马鞭震荡着空气
蓝天传来昂扬哨音

舀起一瓢沁心的水
那明晃晃荡起的涟漪
震颤着，鼓动着
已泛滥成灾

神话里的七色草
晕染得让人心悸动
穿行在牧羊的隧道里
远山的风景倒流

星空点起的灯盏
在这片草原上驻扎
天星隐藏的秘术
心已找到归宿

北斗

不知道北斗七星里
你已心属哪颗
北面的山坡上有雾
习惯性迷乱心窍
中轴线在，就不会错
有自我校正的罗盘
喜鹊的窝还在，向阳
乾坤就没有走失
寻找一处无瑕的秘境
为飞逝的灵魂祈福
只因绽放的樱花山下
有你在此长驻

遣怀

南方飘零的细雨
滋润了心扉的窗棂
油然生出的优雅舞步
看到杨梅上的露

岁月停留在宁静里
树上的蜗牛也在凝视
满脸的笑容，依稀可见
燃烧着潮湿的葱茏

把开心和欢喜裸刻在
八步桥的游走中
或深或浅的风声雨声
停留在那个午后

时光里徘徊

沿着长长的堤坝
重复或紧或缓的步履
在想与不想之间
寻找秋天乍寒的纯然
影子慢慢变长
从清晨到黄昏
一片深情的记忆
怀念春风夏雨

杯子里依旧盛着
昨天没喝完的咖啡
孤单，在浓雾里
直到夕阳隐入深山
铃声没有响起
我忧伤着，惆怅着
下一个24小时
如何度过

恐龙不识字

骑上硕大的背脊
在超越时空中相遇
仰天长啸，等你
敞开心扉
苍穹下的亡灵
在大自然的轮回里

盈溢多情的文字
被神秘的符咒
载不动遥远的访客
瞬间的响动
开心不已的预感
灵魂荡漾着

时刻渴望着遇见
泛黄的经卷
在你自由的家园里
空旷地邂逅
庞然大物
珍重，存在就好

秋天的气息

秋叶铺满山路的
时候，约定在这里
坐想曾经的绿柳
望着蓝天发呆
杜松子煮起浓烈的茶
不为你我的畅饮
只愿听到炉火发出
噼噼啪啪的声响
一年的光景，树轮
又展延了一圈
可否记得枝叶的情操
身影投下的忙碌中
读到了心的离散
像极了刮起的秋风
仿佛咫尺之间
传来细碎的凌乱
听得山涧溪水淙淙
滚落下片片感伤
思绪和秋桃
今夜星星不起航

只有你闪亮的眼睛
在深邃的夜色里
融进静寂无垠的苍穹
装进时光的青涩

松上的鹤

鹤寿松龄的屏风
在对面不远处注视
一缕骄傲自恋的风尘
从青涩走向余辉
漫延，载着浅淡的花香
展翅高飞，还是低翔
几十载，穿越时空

又回到月光之乡
体味不寻常的华美
仙风萦绕，绿树成荫
云端的风铃，不停
在不知愁滋味闲散中
坚忍不拔的心境
变成松柏粗糙的皮

10月9日的月亮

神秘的魂灵，普照的光
还没与炫灿的夕阳告别
迎面撞上善解人意的知己
跃上灯光闪烁的高楼
在熙攘的树枝中摇曳
激情中的不期而遇
超级月亮，透彻悦意
明亮和广大，不忍久视
难以名状的欣喜欢畅
空旷进虚无的膜拜
我们是坚贞不离的密友
任满地荒芜，嵌在晴空里
洗空满身的疲惫和污垢
赤条，清爽，净洁
与你约定永生不变的缘分
供养在银杏和山石之间
记住每个不谢的良辰

金丝雀（意象诗）

在神秘的洞穴里
隐藏着一个古老的谜语
横亘在苍茫的大地
烧尽了，成片的原野
金丝雀，光之灵
拿着猎枪，追赶着
血色烂漫的落日
梭罗树上火一样的花
娇艳健美的胴体
阅读着厚厚的经卷
闪电裹带着狂风
震落了丝雀的金丝
编成闪亮的飘带
缀满整个山谷
金丝雀飞向太阳
优雅地筑起了巢穴
在烈焰中永生

金丝雀（抒情诗）

金丝雀是太阳的使者
它精致的羽毛覆盖了大地
它动听的歌喉让山谷披上霞帔
多么伟大的精灵，给地球带来
蓬勃的生命和耕耘的种子
炫目的美景和连绵的情感
我喜欢走南闯北的金丝雀
让男人更雄健，让女人更纯美
让时空拥有闪烁不息的灵光
金丝雀，大地的雀灵

金丝雀（口语诗）

金丝雀来自南洋
落在门前的杨树上
树下有叽叽喳喳的麻雀
还有农舍下衔泥的青燕
农夫离开，麻雀潮水一样
俯冲为生存厮杀
金丝雀下意识躲躲
别弄脏金色羽毛
抖擞起美丽的翅膀
飞到主人的肩上

金丝雀（散文诗）

金丝雀不仅有漂亮的羽毛，有动听的歌喉，它轻盈的身姿也让人着迷颠倒。

金丝雀在金色的笼子里，让人产生空间的错位，到底是金笼子成就了金丝雀，还是金丝雀让金笼子金光烁烁。

有一天，主人嫌弃了娇小，喜欢上硕大的鸵鸟，金丝雀不服气，上下扑打着曾经让主人着迷的金色的翅膀，与主人怄气。

金色晃了主人的眼，主人一气之下，把金丝雀连同金笼子一起白送给了卖鸟的老王。

金丝雀（散文诗）

[illegible]

冬雪集

幸福与忧伤（九章）

（一）辰龙

二月二，一汪水
浸泡住书签的记忆，依稀
凡鸟翻山越岭歌唱

天上掉下鱼，爬满枝头
玉兔苍狗，转身绵绵春意
降下一生的露，无尽

心里的云，在碧空散步
扶摇万里的坚硬的石
温暖了瑟瑟的清晨

春映大地的枣花，初上
向日的花，石头里的执念
找寻灿烂如花的梦境

春芽，繁星，花影
耳房，水缸，惊魂

金蟾在望，满身霞光

（二）着锦

龙影飘过，天上神鸟驾临
仙人指路，神谕里明示
凤凰落在梧桐树上

蠕动的火车，翩翩起舞
扶风的柳枝摆出春的画幅
向蓝天白云借光

泛黄的页面上，躺着
虔诚的经文，一片圣光
赤裸晾晒的电波，站在屋顶

观望着的蜉蝣，成群结队
高昂着头颅，占山为王
游荡在远去的睡梦里

敞亮的苍穹，披着层层纱幔
为你护航，穿过绿草地
衣襟挲挲的荷塘

幸福的人，在山顶攀爬
时光隧道里的宠儿
幽静夜，布谷鸟鸣声声

（三）自在

鲲鹏，一只超级鸟
自在的鸟，值得自在
大海是波澜壮阔的家园

你是你的主，血炙热着
梦蝶击鼓，会说话的蝙蝠
田埂上的歪树，缀满了果实

你是你的兵卒，开怀地笑
摩崖石刻上笨拙的芳容

竹林和荒原之间野游

星辰的聚散，洞庭里荡漾
与白色月光相聚，驻足
在嘈杂中静谧小酌

花香漫溢的夜，漂浮的光
楼台上遍撒的足音
一经约定，享受仰止的馈赠

（四）月影

纸片上生命的纹理
木槿一样的苍凉翠绿
素亮，绵延着细小的花饰
一条汪洋的河

鲜花盛开，唯有你
绿柳纤纤的月牙泉边
花草花影摇荡漂移

春风和煦

山顶上庙宇对歌
沐浴绝唱的布达拉
祥云，贝加尔的湖光
照映灵魂的福地

月的夜，攀岩而上
满眼的光，贝叶金黄
山谷里住着
富春山居的主人

原野上的戒台，膜拜
漂泊的钟声，书写生日里
湿漉漉的颤音
盘桓在清风的树梢

（五）鹿鸣

鹿鸣呦呦，含着仙草

刺破山的谷，河的川
从天而降的神莺

竹林里，满树的花雨
静候，优游的扁舟
连绵的彩蝶

时光的玉树，摇曳
欢畅着喝下幸福的酒
留下温暖的掌心

上天的眼泪，欢喜
天国天道的灵，凝视着
醉眼蒙胧的夜晚

追着桃花，纸鸢上眺望
迷迭香里当歌的风
上苍的使者，无时不在

（六）尘埃

行走在这里，多么缥缈
繁星是宇宙的陪葬
漂浮中奔驰，比不过
沙漠中的一粒细沙

不可预知，正向我们急来
一次更漫长，胜过久别
抑或擦肩，抑或亲吻
恐龙只是轮回中的过客

宇宙无边无际的光
已不知何年何月出发
也许没有了主人，进行着
没有终点的流浪

我们孤单呼唤的智者
以何种形式，左右生死
抑或是天使，抑或是恶邻

欢喜和恐惧

我们神秘地降落
分享善和恶，江山和美人
冬至，春分，酷热严冬
走不出的局

谁拨动了时间的第一秒
谁发明了苏格拉底
一副理性的衣钵，永恒
热闹中飘荡着孤寂

（七）残雪

离开了冬，残雪的韵致
最后一块坚强的冰，落下
不再无为的坚持
等到下一个冬至的来临

雪是纯洁的天使，一口气

也不愿与庸俗为伍
多一分，多一份亵渎
掌灯时分，走进自由的阡陌

远去的光景，遗憾不能
优雅地与你共舞，等待日出
春讯，万物润泽吐翠
一起繁衍生息

穿着冬装的飞禽，舞着
越过河道，看到稀柳和残荷
在流动的溪水光影里
寻找你的踪影，觞咏

（八）暗香

月明夜，被暗香迷惑
朦胧中撞入“动物庄园”
一僧为左，一道为右

忽明忽暗的烈焰下
悠悠呈上发黄的证词
据说，好像，传闻

南山上有大象头
东山上有千里眼
鸟不下蛋，奶牛下蛋

狐狸说北山上有鸟鸣
耕田的马驹偷偷上山
麻雀和喜鹊在叽喳密谈

鹦鹉说老鼠嘴上一粒米
盗窃了庄园的资产
又听见，不小心沾到嘴边

乌龟慢吞吞，直起腰杆
唤醒东厢房的树懒和猎犬
去把河流方向倒转

一僧道，天地不仁
一道道，适者生存

（九）沙器

风来了，沙随风动
像女人曼妙的躯体，变换
若有若无的沙器

今日绿洲，明日蜃景
宇宙的幻象，添喜
流沙自有流沙的乐趣

沙子与沙虫沆瀣
一起肆虐奄奄一息的胡杨
呼唤勇敢的斗士

沙子与碧水相连
去拯救被风沙掩埋的绿洲
不惧闲言碎语

沙漠里飞舞的沙鸥
有力地穿行，呐喊呼叫
直插云霄，迎接花雨

十二月的气质

懵懂的一月，风声青涩凛冽
窗外飘零的雪花，玻璃上的霜
裹在棉衣里瑟瑟的少女
羞涩的面庞，清瘦淡雅的芳姿
享受神奇的恩赐

含蓄的二月，大地的铠甲松动
水仙娇柔恬静的摇摆
单纯的爱情像一片白纸的素描
春情春水和手心里的春意
连成一片诗章的大地

萌动的三月，枝头挂满的苞蕾
嫩绿已朦胧一片，迎春盛开
回来的燕雀吹响着嘹亮的哨音
成片的花草绿水打点好
勃然出发的行装

欢乐的四月，粉色樱花占据了
整个画面，万物催醒了生命

树木拔出新枝，遍树鲜花着锦
姑娘们穿上裙装，小伙们神采飞扬
喜鹊筑起了新巢

耕耘的五月，升起玫瑰色的红晕
树木孕育浆果，生命收获新彩
阳光明媚的朝气蓬勃起来
原野上看到白马和黑马追逐
新生活大模大样

成长的六月，紫丁香成串的花蕊
各种谷物在做收获前的准备
男人掀起浪潮，女人成熟健美
在绿地上开天辟地地奔跑
新生命已跃上枝头

热烈的七月，一望无际的金黄遍野
马驹在快乐地撒欢，树木繁盛
荷塘里鱼游鹤动，山水丰满恣肆
仰望星空的夫妻蕙摇动着风情

收获屋檐下的甜蜜

感伤的八月，蓝色的杜鹃铺满
雏鸟张翅离开了温暖的巢
从此走向互不相认的山水之间
快乐中的怅然，倚墙而立的绿植
向最后一抹花海告别

迷离的九月，月季送来了暧昧
穿透力，空灵，圆润的节拍
摆脱炎热的束缚，放大了天体
在无拘无束的青丽和燥热中
播撒下满山遍野的温情

慵懒的十月，荷花献上娇柔的绝唱
秋菊摇曳，银杏叶铺满街巷
仪态万方的少妇，海湖江河静谧
抓住生命最灿烂的时节
美丽的心愿触手可及

浓艳的十一月，枫叶轰烈地盛装登场
越走越远的霞光，载歌载舞
秋风用尽最后的力气与自己诀别
回望大地上写下的每一行履历日志
叩响冬天锁闭的大门

温馨的十二月，蜡梅用坚韧跃跃欲试
青灰铺撒在天地一色的空气里
女人把身段裹起，结了冰一样凝固
销声匿迹的生灵们冬眠或者蜗居
悄然点上阿拉丁的神灯

锵锵词

梦游九天外 月宫光影深
苍龙浮云上 莲堂鹤声闻
鸾车神仙撵 清风笼玉盆
薄雾微微轻 天风凛凛森
冬日时光浅 冰寒长无垠
百鸟祭神坛 灵感萦绕身
红樱林立处 大愿出绝奇
阳光日日烈 步履匆匆急
胜景倚天筑 高屋运筹密
轮廓意境远 枝丫景致细
八次游东海 四次同心记
任重苦求索 天成合修葺
北方去买马 南方去聚义
锻造练达境 形神终合体
元龙驾骏马 急令风雷闭
通天沐星雨 神韵传天地
孜孜八月勤 浓情感神迹
上接日月魂 下通乾坤易
六神向前引 洪荒擎大旗
一朝见天光 四方来贺喜

玄女红妆顾 瑶池齐轩昂
天庭瞬间暖 仙鸟来和唱
红幔徐徐下 神情飞天上
花团伴日出 霞光万里长
欢浴春光里 万物不思量
点石即成金 妙手成绝响
天罡能替天 众仙神气扬
左有通天河 右有枕壁梁
背靠主神殿 前望祖先房
我有金刚杵 万点金光洒
一式定乾坤 邪佞无爪牙
昨夜遇风雨 狂乱不自暇
摇动心旌旗 只怨无锁甲
魑魅庭蒙尘 蓑衣披孝挂
晴空彩云飘 茫茫水荡浩
启明大星暖 太阳朗朗照
寰宇皆清明 四海八方朝
大地神护佑 九天不自傲
恩泽水淼淼 善行分分好
岁月伴星起 花草自然更

顺天不违时　肆意任纵横
太白挥神羽　荡涤污垢澄
洒下春雨露　正气万物生
远古能通灵　膜拜众辰捧
龙腾伴虎跃　听风随雨歇
我为江河吟　天地为我砌
玉笛震山谷　琴瑟动花夜
湖水留光影　故园有仙界
流星抖寰尘　乾坤阴阳谐
飞天探远邻　忐忑星不知
武将眉介园　旧时花之寺
今朝蒙眼开　明晨惠风至
悠悠万古事　苍黄无闲日
朝灿暮栖处　别开春秋意

纽沃尔德星

穿越迁移到纽沃尔德星球
我们共同走过的路途，忘年交
文明和进步，这对俊男美女
多么繁盛的一支队伍，一起过来
绵延千里万里亿里，灵魂飞舞
不再受物理的局限和束缚
没有痛苦和虚假，意识和行为
融为一体，江河风光正美
科学亦然清白，透亮，客观
和平友善之光深情普照
自觉，自由，合乎人性追求
道德，思想，信仰，灵魂
左右一切，文学，数学，物理
化学，艺术，天文，地理
一定不要忘记诗歌，生命赞歌
人类共有，津津乐道的文化精血
古体诗、抒情诗、意象诗
爱情诗、朦胧诗、口语诗
汇集成诗海，浪漫，纯情，快乐
感染星球上的一切，包括空气

树木，山石，河流，鸟虫
感受诗，伟大的魂灵和妙境
清美，滋盛，宏丽，和畅
视浅陋，毁谤，荒圮，恶趣
风行所及，咸沫惠泽

清平乐

欲望是宇宙的黑洞
枷锁下编织起的罗网
仰望星空下的淡然
一切足够好，我们的
家园，子孙和事业
充分光鲜行走吧，无瑕
站在了思维的前沿
就像灵光乍泄的诗行
串成羡艳的回忆和积淀
自己力所能及的主宰
即便没有富足，前方还有
花鸟乐趣和奋斗的路径
山风不曾踏过的田野
没有相同的标准和归宿
相信自然，乐见其成

诗，人生的表达

诗，语言精致的制造者
能配上这个光环的，屈指可数
心香书香，长久的璀璨诗河

诗，芳香十足的薰衣草
幸福与你为伍，其他的形式
驾驭不了姿彩万千的生活

诗，一种处世的态度
情感需要时，诗会昂扬地闪入
成为思想习惯，无出其右

诗，一种人生的淬炼
用所有的力量构筑精神高地
形成自己的思维，诗化地表达

诗，一种宣泄的情绪
写作的澎湃和激情，兴奋和愤懑
没有这些，就没有诗的韵律

诗，一种神圣的情感
进入诗境和神迹，触目惊心
诗升华感情，感情浓烈了诗行

诗，一种干净的纯粹
像峡谷里的瀑布和纳木错的湖水
清澈自然，草木皆含滋味

诗，一种高贵的魂灵
站在辽阔的大自然，天地一体
宇宙，星球和人，袒露万物

诗，一种不可名状的深邃
参透心中的灵光和谜团，萦身
进入它的境界，神秘的力量

诗，不败的生活协奏曲
牵引，推行，一路闪光下去
不可停歇，不可落伍

忆雪

与生命一起见证了
历史，呱呱坠地
节日里飘荡的雪花
写下刻骨的记忆
大雪奉献的厚厚雪庄
成为烤火的雪窝
空地上觅食的鸟雀
忘记人类的箴言
大大的雪人和雪墙
塞满一个漂亮的滑翔
画面永恒，光亮
挂上红果实的精灵
留下开心的锅庄
闭目让脸迎着落雪
沉醉天赐的清凉

大自然

香山最后一片红叶
落下，不管红得如何
冬天不可阻挡地来敲门
经历风霜和岁月洗礼
已没有少女烂漫的春装
时光掩饰不了步履的艰涩
乍红中露出破碎的真容
终将老去，尽管森林茂密
无休止的潮落潮起
朴素的心境里，天行健
心中横冲直撞的遐思
和灿烂的江湖，飞升起
我们相约明日遇见

出发吧！

出发吧，不带行囊
也不需要预定的方向
只带着决心和毅力
沿着最高的逻辑
一起远离岁月的忧伤
在皓月当空的夜里出发

出发吧，共生的两极
带上你满腹经纶的种子
时刻准备播撒，耕耘
到处都是你的绿地
春暖花开的时刻，春草
打上你的第一个印记

出发吧，向呼伦贝尔
向唐古拉，向密林深处
在狂波微澜，在圣山峰巅
在亲人的怀里铺开画板
中央点上无邪的朱砂
从此你我有了飞龙宝杖
随意涂抹平阳的前方

风对花

风中花，漫天
飞舞的星辰
在美丽的花蕊中
酝风酿蜜
俗尘里三昧真火
神风壮丽起飞
春风，东风
海之风，山之风
上天入地的风
无边无际

玫瑰色的花魁
摇曳，你的本性
承受风，沐浴挺立
猛烈，还有随风
振翅的夜莺
带来四季，不落地
白昼里，夜色下
不停，为花的繁盛
呼吸奔喊
只愿花开不谢

雪对月

多么希望
时光不再穿行
只有白的雪
明的月，一丝光
照进你的肌肤
连同秀发，掌心
融化了装束
万里寥廓洁白中
长眠，从此不再是
空寂的孤魂

晶莹的雪
眺望中的温度
爽亮中带光
辽阔的不孤单
不用遁形，清冷
宁帖和洒脱
捧月沟的小屋
雪与月相拥共舞
从此心已许下
沟坎共济

震颤

远山云间的
突发奇想的幻象
让心神抖动
蒲公英的香味
风推动，它在跑
一举手，投足
包括呼吸
在空气里发酵
当你的情绪蔓延
周围能听到
强烈震颤的嗓音
烈焰的喷发
拍打雄壮的节奏
难以下咽
父母乖巧的孩子
善良，不用面具
高傲地飞翔

赤条条

春天来临时
要把一切安顿好
柴草和思想
大山深处共语
接受阳光的烘烤
不需要用满腹经纶
填补破败的洞穴
和一百个谎言
不用再为谁买单
忍耐和委屈
自由自在生长
空气里接受雨雪
在祥明的领地
无畏地绽放

倒流的时光

一根手杖，一本诗集
冬天的风和冰，时间静止
一片红叶，像高扬的旗
顽强地挂在那里，等待

注定是果实丰满的季节
有共舞的瑶池仙境
也有云端飞舞的野蜂
岩壁上缀满妖艳的饰物

鲜活着，亮丽着，垂爱
降落在这里，享受着朝拜
敬畏，大地热烈欢腾
一只不停攀登的蛹

万物并不高贵，只有心灵
犹如一块精亮的钢
不断与时光加火锤炼
成为大地的灰，留住光阴

致西班牙

是的，我一样认为
这是注定的共饮
多年以前你就来到这里
我知道你知道，只是
让时间把相逢酿得更浓
想起来就会满身幸福
那么飘逸自在，哥伦布
就像第一次遇见
上午的游荡，浏览
只是为过往接风洗尘

日光投下的剪影
欢聚是属于我们的色彩
敞开心扉的礼赞
也让儿时的回忆多起来
时间凝固在重逢里
完成了彼此的经年约定
这一切很短暂
但也走完了整个旅程

多么想日不西斜
停留在彼此的记忆里
盼着迎春花的降临
分享生命的时钟滴答
分享春暖花开
也许未必亲身沐浴
冥冥之中的山风
像温柔的烈焰
一起把地老天荒熔化

我知道，你喜欢
这种战天斗地的感觉
有了你的欣赏，时光多了
落叶，夕阳，微风
一秒钟，一秒钟的洗礼
留存住酒杯里的余热
还有轻扬的转身
已然开启，给了彼此

涅槃

涅槃，不是死亡
是澄明，大彻大悟
更加明亮的世界
意识的新境界
脱去厚重的铠，还有
坚硬难耐的壳
晴空万里的新画面
在这里浴火修身
更广大，悠然自在
一起接近自然之门
炼狱中重生

永远站立

不因漂泊而缺乏
神圣淡然的气质
即便残荷冷枝
站立在泥沼里
也能极其优雅地展现
除了冬日的婉伤
看不到心房失据
在光影的交错中
认真地阅读，书写着
生命的每一个标点
散落进时光的倒影里
不带着丑恶和欲求
依山而居，漂浮
到哪里都不失个性
有姿有态地宣誓
清淡的品性

宇宙与魂灵的对话

宇宙说，开天辟地时一团虚空
不可名状的超级雾气飘浮在空中
向心力超乎想象地加速，积压，膨胀
难以控制地爆裂，扩散，形成宇宙
相互吸引、相互排斥，初始的旋转
魂灵问，你是纯物质角度，初始
宇宙从何而来的动力，运动，旋转
宇宙说，没有那么神秘，挤压爆炸
有了运动，引力，大鱼吃小鱼
吃不了又走不了，形成公转和自转
就像太阳，地球，月亮，星辰
魂灵说，看似物理性能，实际是神力
控制安排了一切，给宇宙以初始力
宇宙说，这个初始力也是物质力
意念不可能引导物质的运动
魂灵说，我们本属两个不同空间
魂灵找到物质，物体有了生命
宇宙说，魂灵需要借助肉体被感知
现实中哪有这么多躯体承载魂灵
魂灵说，如此才有众多的孤魂野鬼

宇宙问，魂灵投胎到不同凡体
总停留在牙牙学语，没有进化痕迹
魂灵说，进化也是物质，魂灵却不是
一个肉体死了，魂灵仍保持着原态
载体没了，元灵也飞到别的物体
宇宙说，不是所有物质都存在
魂灵，白痴才会认为山石有思维
魂灵说，不要感知不到就认为没有
谁说月亮没有，只是变换了方式
自然界万物有灵，蚊子，苍蝇
树木，石头，空气，河流也有

宇宙和魂灵无聊地离去

空闲的云

从东山上飘来
散乱地行进的云
似静止，似移动
像青春的裙摆
又如雄壮的山鸡
落在鹰身上，那云
悠闲地拍落浮尘
掩埋声色，悄然而行
不惊扰主人思绪
最美的云朵，易逝
记忆不变，看遍
停留的片刻
满心自由漂游

密林深处

梦中黑黢黢的林子
压得透不过气来
钻进现实与幻象中
似乎找到出口，仿佛
重新被包裹，挤压
这片无边的森林注定
不复存在，又伴随
迷失，毒蛇袭来
咬住心，滴出了血
无法排解，惊醒
找寻医治创伤的灵药
踩乱了花径，呻吟
不知身在何处

光影

不存在永恒
在激动或忧伤里
多么浓烈的阳光拯救
也会伴随淅淅雨下
走向平凡和淡泊
翻过书本上的秘事
结局似梦似幻
假装不剧透的夜
听到大雨滂沱
泥和沙，纠缠一起
还有思绪
终归复于平静
浩荡地夹带一切
神游进大海

闪过

木棉袈裟和禅杖
决定了艳阳还是阴雨
离太阳最近的风景
反射的光，神秘的影
繁盛的花被虚养
山谷里传来轰隆摇动
就这样纷乱得彻底
大海异常的惶恐
草原上的鸟鸣
用无知造就了幻影
风停止了吹拂
中世纪不息的暗夜
天空堆出的仙境
看到圣斗士的铁蹄

灵魂的舞蹈

飘零的树叶
带着各自的畅往
用尽全身精神
跳起告别的舞步
轻盈或蹒跚着

每一场邂逅
怀想沉醉其间
选择了遇见
深陷草木的古香
忘记了节奏

就此结下情缘
起舞缠绵
一起滚进沟渠
等待冬日
相拥长眠

草非草

普世的智者
万物的喜乐忧伤
宁静和嘈杂
看到麻雀们争吵
看到鸠占鹊巢
兽，也不轻松
做无情感的草木
野火不吝啬烧灼
找寻花开花落
你不是草木
怎知草木无情
乱云空目

何以所云

行走在崇山峻岭
一路的风景和奇绝
收藏心境，无关趣味
聊赖，蚂蚁唱歌
茶余饭后，唯有岁月
进入诗的境界行吟
若有若无，或深或浅
洞见，又隐约看到远山
不去白描，天上宫阙
你看到的繁枝，以为读懂
写者梦幻里巡游，似痴
平行宇宙时空里遇见
时光的变迁，昨天都是
投射出的镜像，倒影
一种欲念魔鬼的冲动
被日月星辰和缥缈导引
附身在遥远的剧情里
亦真亦幻的故事

修饰

遥远古朴的诗卷里
大胆直白地坦露
甚至揭短，甚至自嘲
定是意气风发时的心境
荏苒不再，秋叶泛黄
一切降低了姿态和身段
躲躲闪闪地不明就里
鲜活的字句和情感抽离
看到满纸的干瘪黢黑
时光不知不觉被锁定在
黄昏残雪斜阳之中

与月对饮

盼着那个冬日的夜
都睡了，没有虫鸣
款款出来，恬静的笑脸
带着一泓纯净的清幽
每月的节日，即使雪飘
也要畅想着跃上云头
倔强地拾级而上，品茶
把酒，云淡风轻而眠
留恋月照沟渠的长夜啊
凝眸远眺，气息入室
更浸进每一个毛孔
清爽起来，愉悦起来
不忍心话别睡去

书笺的记忆

一片泛黄的枫叶
能感受你细心打理
每条纹路的精致
像呵护自己的身体
忘却那夜的风侵雨蚀
树叶熏染了字行
书香传给多姿的书笺
收藏你的气息
性情和喜好
连同眼神，手语
封存在记忆里
保持永恒的弥漫

在与不在

大自然的气象里
草肥水美，鱼儿欢快
符合想象的一切美好
缘来，圣洁之地
青松绿柳涧水山泉
风，不在意何处吹来
光影婆娑，震落的记忆
顺着河流游荡进大海
水彩弥漫，忘却了
大地上的脚印和衰草
生命在空气里飘荡沉浮
大雪来了，一地白净
百丈岩的神兽躁动
山脚下草木葱茏

蝼蚁

如果不是水的映照
几乎相信了自己的强大
无所不能在落叶穿行
搅动宇宙砂砾泛起
西风的阵阵嚎叫
日月在卑微地震颤
来场太阳火烧尽枯衰
连同猥琐和下贱
天外滚滚而过的炸雷
与苏醒的大地共舞

小小星球

地球在宇宙中穿行
就像光亮中溅起的光点
灰尘，我们极端渺小
这个时代最神奇的杰作
一切极其偶然的巧合
高级的智慧和火鸡
即使伟大的神，也没有
人类幸运，日月护卫
我们沉浸黑暗急速飘离
也许有炫目的蜃景
抑或有花妖出没的海市
唯独没有太平的近邻
安放无聊的凡尘

天狗

挑战思维的极限
虚妄的天狗
吞噬最后一片月光
山巅寸草不生

遥远冰冷的黑洞
没有色彩的水墨画
走不出去的怪圈
让人不寒而栗

月亮露出灰暗的光
爬行在泥泞上
天狗虚张声势地叫
咬碎一地鸡毛

天寒地冻的夜
裸露的星光和大风
呐喊和鼓掌
赶走食月的天狗

天凉了

枫叶铺满的路径
连续几日阴沉
莲花山雾中隐去
虚光重又落在
墨灰色的枝杈上
无所傍依，投影出
满树躲闪的苍凉
在空气中凝固
缩起白细的颈项
寒风不期而来
晃动沉重的枝干
已不见夏日轻快
鸟儿少了
虫鸣少了
天进入了自己
雍容的冬里

兰桂齐芳

社会不消亡，人不会
在生生不息里醉卧露营
迎来朝霞夕阳，万物锦簇
山风鼓动，催生出了
灿烂的花和昂扬的生灵
老树枝头勃发的春芽
生命的又一次蜕变
惊醒幽睡的莲花，蜻蜓
宇宙按照自我的设定
更鲜亮，更强劲的进步
各就其位，春夏秋冬
呼唤天地的整装待发

虔诚

神奇的邂逅
只有几秒，一切
那么自然妥帖
那么水到渠成
缘的天机
那场倾盆的雨
看天空烟火
今日聚了散了
望断滚滚红尘
转身却是阑珊
错过的，释然
亦是难得的风景
舟船中共渡
一起岁月迎风
与时光愉快变老
风雨中执手
静好，也好

迷惑

惶惶已经模糊
第一步起自何处
匪夷所思的第一步
混浊的水流入了
更加混浊的河流
浑噩地行进着
隐约看到的树影
嗅觉灵敏的狗
冥冥之中的相望
偾张的变奏
更加不能自已

129亿光年

光，飞行了这么久
并不是为了与你相见
遇见这束没有主人的光
来到这里，即是长住
停不下前进的步履
行走就是整个的归宿
擦肩而过的容颜
仿佛已经模糊，憔悴
只要这束圣光与你握过
就有温暖，就有灵魂
一起走进这遥远的天际
住在彼此的记忆里

以风的名义

以风的名义，欣赏大地
呼唤生命的节律
伟岸，挺拔，无私
山上大雪纷飞的盛景
张望着彩霞满天

以风的名义，翻山越冈
万千气象，肆意的水
上百次吮吸灵魂的神曲
养育万物的圣山
畅快骑马而上

以风的名义，平缓或陡峭
拥抱攀缘春夏秋冬
冷峻的十里洋场
走进涅槃的火焰
刮起风霜的狼烟

以风的名义，构筑水彩
丈量每一寸山谷

看遍每一块草地
触摸每一处风景
生长着青春的翠鸟

以风的名义，站在山巅
幽远的星空里
记起炮声里的碑文
写就不可更改的传记
影影绰绰的文字

以风的名义，四时更张
酿成五谷沉醉的酒香
山一样坚硬的壳，吸引
斑斓仙鸟的降临
勾勒冬日寂寥的情怀

以你的名义，祈福
不朽

热烈的夜

当春暖变为过往
一切都点燃了
篝火，被时间侵蚀
野菊幽兰凝霜
跟随时光的变迁
天地置于宁静
不只是躯体
还有精神高地
追忆那热烈的夜
云山逶迤相望

包罗万象的海
纯情无瑕的山风
曾经的海誓
在日食和雷电面前
暴雨的狂躁退去
山影变得朦胧悠远
更无常的承诺
走过光阴的碎步
还有云遮月，苍狗
临风飞荡的杨柳

宁静与喧嚣

沿着城市花街小巷
向前急行，路人稀少
寻找美丽的花道
和传奇的水神
早上冷冷清清
与昨夜风景大不相同
少了喧哗和嘈杂
飘着烟火气的早点摊
垃圾车的轰鸣声
离开了喷泉和灯光
池塘剩下污浊的池底
和斑驳的池壁
没有人气和夜色
意境，真实得可怕
失落中依然满足
快意地对视中
触碰到岁月的阴晴

沙中雪

把岁末的黄昏
交给曲子和舞的雪
无尽的欢愉和美
越来越多的风加进来
在天地日月中旋转
接天壤地的一片雪白
看见行走的足印
笼罩在无垠大地吟唱
喜悦和忧伤，呼喊
圣洁高贵的灵魂
拥抱发亮的躯体

金鸡报晓的一刻
南山之门已然开启
不用穿上编织的新衣
不去理会绿荫下的蝉鸣
载着无涯的时光远去
飞天的锣鼓和锦带
把光环上的花瓣抖落
取经路上的群魔，鬼面

再不需要拼命粉饰
一泻千里的汪洋
浮现出亚特兰蒂斯

符号

生活在符号里
被时间提纯，放大
抑或是面目全非
人人逃不掉的标记
随光影应时而变
有时高大，有时渺小
有时渺小，有时高大
有时省略，有时感叹
有时感叹，有时省略
欣赏，敬畏，抗拒
一尘不染的圣迹
天池清，水自悠然

轨迹

彼此执手相望
在风吹不到的地方
仍然有你的芳踪
黑夜的激励和呼应
在地球暗影潜行
抛出一行曼妙的曲线
寂寥星空飞翔
期待甜蜜地降临
欣欣然隐身入星空
穿上窈窕的衣衫
渴望灵魂同行

于无声处

当精神品格生成
已经改变历史进程
修炼向善的本真
汇聚无所畏惧的力量
阳光照耀的时刻
乾地龙升泱泱大风
上天庇佑的乐土
普适的德行呵护加持
在南国里浓烈熏染
酿造属于自己的酒香
心安放长虹之上
带着智贤者的魂灵
向着伟大直行
为普罗众生祈福

远眺

来自约森契吾尔伍星球，眺望
地球的一切魂和尘，有雄心
发明了枪炮和邪恶的子弹
自设计的轨道上，寻找
长生不老，来自外星
哪懂，地球的规矩
彼此并没有相干
空气里的自由
地球旋转着
星外来客
带不走
云彩
风

你的风景

天幕下的众星
挽起飘散的云霞
烘托着天意和动感
一起播种未知
走进收获季节
所有的豪言和遐思
都在这里定格
风笛声悠扬远去
在花开花合中
看到了绚烂的红枫
微风耀眼吹拂
花枝萧然地尽染
等待黎明来临

一颗没少

一颗没少
除了流星和彗尾
遥远的访客
但还是感觉少了
星辰萧疏
看不到星星们
拥挤的躁动
还有快乐的眨眼
月亮不如以前多彩
到哪里去寻找
滑落人间的星斗
芸芸中的众生
也感觉越走越少
只看到大海
不歇的波涛汹涌
找寻顽石北风

高山上

山巅极目的远方
五彩的浮云游荡
漂亮尾须的促织
爬上屋顶的云上
猥琐虚假的背影
广袤浩瀚中纵横
天外传来的清音
山坡上缥缈空旷
一望无际的青涩
瓦砾上溅起花浪
天空飘下的暗影
摇曳起满地虚谎

守护

翩翩跃上枝头
空气愉悦起来
橡树下端望
欣赏纯净的景致
那曾经执着地狂喜
已如湖水的微澜
热爱和遐想
留下清丽的回味
月光，溪水，芍药
也是一种风情
一生遍寻的温度
河边的小栖
参透生命的脉动

清莲

赋新诗的闲愁
苍茫中落下的星辰
拾起不曾拥有的情愫
用忧伤装点门面
一次次畅想和追逐
静立，亲吻深浅雨痕
不一样的心绪，驻足
花谢也要结伴而行
用追忆滋养冬日心愿
清澈的河，斜阳里
挽起手臂的莲叶桐花
迷迭，香漾四季

坚韧

专注于淡泊萧疏
必是万籁俱寂
强大的能量充盈
不惧雷声雨声
如同跋涉，超出了
不可思议的执着
从鸟鸣到洪荒
一日千里的心绪
不放过穿梭的光影
日月的精华汇聚
充盈高山流水之间
哪怕是烈焰寒冰
也要远离灯火阑珊
放心涅槃而去

日月行

在五行山逢遇
匪夷所思的根蔓
缠绕着欲念的牢笼
日月汇聚的神力
铸一把金刚剑
把杂乱的荆棘斩断
荒凉残破的路径
碾压的呻吟声
日暮下听不到虫鸣
两界山的救应
一束无畏的光线
穿过梭罗树的心田
修成圆满的镜像

生与死

生与死，弱不禁风的演绎
高贵和卑微，高大或渺小
呐喊，羡慕，赞美，不动声色
任何事物都不能代替，人生
没有交集的日月并肩站立
历史尽头有相同的结局
优点的罗列，邪恶的叠加
夕阳西下，我们看到了淡然
丰收的果实和津津乐道
忘却了虫吃鼠咬，严寒冰霜
世间万物在各自的修行中
眺望，固守本真的一切

无垠

文字是片言的历史
宏大，容纳不下万物
浊酒里喝出的洒脱
离散了妖魔的神鬼故事
仿佛在云端仰望宇宙
在历史纵横的眼波里
石榴的花舞，刀光
大禹治水，塞外的弯弓
艳惊，睡梦中的莽汉
在十字路口读着秒表
月亮，太阳，空气
野蔷薇的花开，水中月
千年梦里流动的曲回
如同生命蓬勃下的花瓣
抑或生命片刻的静止
万花筒，张开又闭合

海之韵

海洋，海浪，海潮，天的海
传奇和神秘的馈赠，深邃
超然地降临，听到大地轰鸣
出类拔萃，造物主的巧思
你广阔的胸怀种满果实
圣水环绕，吮吸灵魂的祭奠
经历春夏秋冬，星光烧出烈焰
不负海枯石烂的彻夜守候
笑傲中播撒荡漾的春雨桑田
以海之名，煮茶听涛观海
日月的海风，战舰曾经的炮火
空灵妙化的卓木拉日净土
铢积寸累，江河不再轮回

观月记事

依稀云雾缭绕 凌霄清幽无相
遥看银河繁星 清风追逐月亮
炸响一片春雷 花影依次初上
嫦娥为情急奔 吴刚提酒相望
月宫玉兔捣药 怀揣济世良方
春暖月色朦胧 嫩芽溪水荡漾
满天仙鸟飞升 嘤嘤花开脆响
夏日照耀月宫 姿态分外张扬
众仙桂下端坐 遍地播洒华光
秋穹月影西斜 清空所有奇想
火鸟向南飞绝 寂静心事如霜
冬月洒满银屑 雪影闪烁非常
乱云萧瑟骤起 难掩北风急狂
新月枝头含情 思绪摇摆游荡
不知魂归何处 月下身影徜徉
上弦优雅吐翠 祈福人丁兴旺
花前月下绿影 望穿一对心房
月盈人声鼎沸 花灯龙舟逐浪
牵手鹊桥陶醉 不知人间苏杭
下弦思念迟迟 晴空寂寥感伤

诗情随风凌乱 望断一树苍茫
残月万呼不出 酝酿来日芬芳
窗前喜鹊争鸣 期盼雨露更张
上天寻问究竟 尘埃沟壑无疆
万里共享日月 辽阔堆起苍黄
月神疾驶奔去 留下精彩华章
天地共人一处 世间万物恒昌
恍惚春秋初醒 不觉来路悠长

再会吧，水城*

癸巳末，离期近。粗粗回望，感恩过往，所以兴怀。登高望远，留拙墨记之。

再会吧，水城
初春阳光透过藤萝
斜影织出一片梦幻
藏不住的桂香
望不尽的叠嶂
十里八里的浸泡
转身遇到纸墨水乡
牵想的地方
来往间
仿佛冬日
就是冬日
召唤添上两层思量
一个在京城
一个在水城
翠鸟的婉转呢喃

---

* 此文公开发表过，选用时稍做改动。

竟消了声
临风的欢愉
追逐的游戏
多了别离的游移

再会吧，水城
河畔的金柳
府山的霓虹
兰亭的狂肆
桥边的走游
南山的骋怀
忘不了
积淀深厚的水城
畅叙跳动
驾鸾车的豪情
撑起壮怀激烈的梦
美水城
南宋王的绍祚中兴

再会吧，水城

环城河的流波微澜
读懂了你的水韵离骚
十里八里的丈量
骄傲自信的起步
在水城的波光里
在鉴湖的涟漪里
隐去黄河的咆哮
不见长江的壮阔
可九曲百转的水路啊
不就是滋养千年的情操
这水呀，入心入脑
仿佛看见
荷塘深处招摇的纤手
粉墙黛瓦下
多姿多彩的序曲
让思索的脚步轻盈
古浊的老酒升腾

再会吧，水城
长言仿佛还在

政府定好“三个位”
明政策
优服务
促公平
水城打好“三张牌”
旅游牌
生态牌
空间牌
城市抓住“三件事”
大旅游
扩商业
新能源
也记得那反复提起
重规划
稳经济
转作风
强宣传
还有一生不能忘
走正道
持操守

尽心力
亲百姓
三五成句
因寄所托
成了预言，成了前景
发展的轨迹似印证
踏破浮云
心灵相通

再会吧，水城
烈日下新昌茶园
上虞水漫金山的桥洞
豆芽作坊染料化工
工地猪舍装备制造
省城乡里华灯初照
历历在目呀
反复推敲
急急火火啊
使命重要
义无反顾

只为百姓荣耀

再会吧，水城
仰望飞翼
沉闷的战鼓
肃杀的号角
文种不保，范蠡长啸
血雨腥风咋成了
支离破碎的哀嚎
十年生聚
十年教训
施民喜
去民恶
什么长颈鸟
什么走狗烹
见鬼去，炙热煎熬
牢底坐穿
爱妻侍觉
尝便辨病
尝胆祈祷

都是越王勾践
惊天泣鬼
水城的文化基因
隐忍
智慧
勇敢
完美

再会吧，水城
一桥飞架南北
七年梦想成真
重构产业布局
文化园区生辉
缘于此
为了这座城市
为了这里的人民
爱护她
蜕去粉饰
用满怀的情感打底
关心她

俯仰一世
庙堂之下有泉源
面对她
不要悲切戚
天时也会变陈迹
上苍把这座城市托付
不能把她辜负

再会吧，水城
记忆的山水，春风荡漾
迷散的细雨，罗帐天纱
美丽的江土，草长莺飞
温暖的友情，至醇至厚
原来是
清流的慷慨与悲壮
笔墨的狂放与俊美
古桥的厚重与智慧
黄酒的悠长与韵味
沉淀凝练
诞生光华

再会吧，水城
别走了，刚来
那一腔热血还没热透
……

观亭记

西北有山，挖湖堆土而成。乙未初春建《远望亭》于此。拾级而上，临亭而立，极目远眺，美景尽收眼底。亭系木质，八柱八角，顶覆灰瓦，仿古彩绘，意境雅致。文以记之。

处钟灵毓秀之所，风景俊美之地。登亭俯瞰，水榭楼阁，花草鱼禽，辉映并丽。燕山山脉之葱茏，掠燕湖水之澄碧，令人荡气抒怀。亭中极目，万寿百望之神韵，颐和清逸之华美，尽收眼底。四时更替，春色明媚，夏花绚烂，秋林尽染，冬雪洁素，自然风光无限，万千气象不同。

纵览世间，红船初心不改，百年风云激荡，伟大复兴可期。察大势，白驹过隙，潮流浩荡。历沧桑，凌云之志，浩若长空。齐心胜，江河清明，弘毅笃行。恰正时，中流击水，栋梁乘风。坦荡荡，无我索求！欣欣然，山河壮美！

襄阳怀古

江水纵横出西川
夕阳寥落乱人眼
两军对圆英雄气
风吹大江起云烟
三国亘古忠义奸
念却岘山没马前
春花飞度无私门
羊祜今日谁人谈

补天石

大观园里梦大观
世上难觅绛珠仙
人间行走补天石
心结千千离恨天
贪嗔杂念寺铁槛
来去不过馒头庵
海棠无香花有香
洪荒空蒙木石缘

蓼儿洼

蓼儿洼，蓼儿洼
蓼儿洼上有人家
一股豪气梁山起
万般情义满天下
蓼儿洼，蓼儿洼
光皎洁，风送飒
天罡地煞终归去
独留落英竞风华

九九八十一

只身一窍出西关
鸿蒙茫茫人不见
祖师开蒙入大地
鲁莽本性赤心顽
通身清明凡得仙
梦想颠倒尤可嫌
八卦五行乾坤转
一部经书渡善缘

清秋

寥廓清秋空夜静
十分明月盈芳卿
桂轮犹记冷短行
早入莲荷作梵亭
微风依依催露醒
喜雨然然寻陶令
夜阑凉早偏秋惊
哪堪俯仰阴或晴

神游

乱云如絮月如冰
星似闲棋夜似枰
江河万里邀日月
共赴桑柴对弈行

夏思

白马夜行三千外
江火阑珊入梦怀
碧空万里空静寂
不见嫦娥月宫来

执念

追风赶月渡春山
遥望烽火舞翩跹
平凡亦有浮生梦
清波有情落人间

寄景

缠绵秋风抚秋露
缤纷落英描美图
青云悠然天不尽
红花巷里写诗书

掠燕

心海逐浪鸟衔波
春景浮动撩心魄
疏影横斜云织月
别梦逶迤雨蹉跎

萍聚

一轮明月照窗下
微风习习摇锦纱
烟雨缥缈楼台榭
江边老翁走天涯

锦绣

劲风吹醒无边草
春燕飞天闹云霄
红日送来万顷光
黄山入画三寸高

春杏

借天江风送爽
朝露打湿荷塘
莫道不知夏暑
春杏悄然泛黄

春日好

诗余戏笔不知狂
借凭仙踪起苍黄
千树万树迎新日
群芳犹然补春妆
忘情遥上莺歌台
一行清波蝶生庄
登望远亭江渚上
清风送来一缕香

窗外

窗外梧桐摇月影
树梢明阁照天兵
莫道灵山云几许
禅香盈袖难空灵

雀舞

窗前喜鹊筑新巢
屋外白杨助春娇
草堂明月自相顾
垄里燕雀也逍遥

卿卿

倾心逐卿卿
附身听蝉鸣
悬空十五日
乱云惹吾醒

素心

梦游峨眉仙阙
睡里久闻禅音
却问素心何寄
引镜松雪山阴

元日

寂寂元日澹澹行
香篆微烟入画屏
一点丹心飞双翼
夜泊枫桥闻钟鸣

日日新

绿草嫩叶朝阳
明月溪水远乡
置身满天飞雪
拾起一树春光

折桂

九月秋风度寒窗
偶来赋诗夜未央
来年雁返春报日
蟾殿先得桂树香

尘上客

日边炙热似焚
月影难耐禅音
妙玉荼偈可止
仙台阶上凝心

寥廓

秋雨洗秋空万里
寥廓寰宇似罗衣
若问神仙谁作画
借得希孟巨椽笔

故乡

不舍天边灯
唤醒沉沉梦
大有窗前月
悄然已西更
睡眼迷迷蒙
看见树摇风
明朝归故里
亲人筛酒等

秋风

秋霖秋夜助秋情
清寒透幕斗虫鸣
自向秋台借秋月
长眠长梦不堪醒

板桥记

依稀曾忆幽梦影
春光唤出伊人行
歌台舞榭难觅处
寒露过后竞娉婷

岁月

鸿蒙初开日月更
鹿鸣山谷万物生
龙吟虎啸多少事
只有空穴度来风

光影

西行尤知星辰远
路遇长亭未下鞍
老树原有旧日红
何愁今人不识仙

露浓

黛夜时空静
黄叶落随风
拜天将进酒
露浓秋山亭

追梦吟

风雨露，情丝缠绵悱恻。
梦追怀明日忐忑，心事遭谤渎。
芙蓉诔余相思，几声嘤嘤呼唤。
三世遇见结夙愿，共赴临江仙。

年轮

晨起，欣然看到罗兄长诗，
能量满满，拙和表达情意

岁月有痕月无痕
清风吹落一苔门
抬眼悦然浮云上
低头看见花厘神
月明祭出莲生津
蕉下犹有蕉下人
堂客清清原为客
炊烟袅袅碧月魂

赠子轩君

沧海滔滔地似牢
与君相见爱心昭
闻卿乘翼飞琼浸
令予将情跃逍遥
聚散离合俗常事
历来烟雨恰惊涛
夜央忽梦寒灯挂
巧遇织女过鹊桥

夜思

癸巳十二月周末，赴友人家宴，
闻二老早年丧子，伤感醉归。作文记之。

酒浓寂寥夜
自醉为唱和
已知老人苦
久坐驿亭舍

夜游秦淮

据说不到秦淮河就不算到过金陵，但今晚之秦淮，已觅不见当年的点滴风情了，感慨岁月的不留痕迹。

落日长烟云天外
金陵城里共骋怀
得月台上能得月
秦淮不见香君来

荆楚抒怀

垂髫逸兴路存痕
禅客怀思未远门
情满阑珊登不周
心执惆怅握伏辰
独孤敢破大千意
众兽妄销黄帝身
何畏太平无可至
且留本我再求真

后 记

诗歌创作犹如心灵的跋涉，诗集完成以后，有一种心血散尽之感，短时间内不想再动笔墨。不过，从一个读者的角度出发，在阅读一部作品时总习惯先读“前言”和“后记”，然后再去看“正文”。想想还是有必要重拾精神作一后记，把自己对诗歌的理解和创作心路与读者分享。

偶尔看到著名诗人、翻译家郑振铎先生评价泰戈尔诗作时的一段话——“泰戈尔的歌声虽有时沉寂，但是只要有人类在世上，他的微妙幽婉之诗，仍将永远是由人的心中唱出来的”，刹那间找到很多共鸣和认同。是啊，如果没有附庸风雅、沽名钓誉的企图，每一首诗不都是诗人内心深处的无限坦露，都是创作者内心世界最率真的表达？当创作者选择了诗歌，即是与世界的心照不宣和欣赏陶醉，无关乎生死，无关乎风雨，有诗的地方就有灿烂的星辰和无拘无束的灵魂，高亢或低沉都是。泰戈尔被评论家称为“人类的孩子”，我想每一位诗歌创作者都怀有这种天真、纯粹和感性，而这也是成人世界至上的珍宝。

能够用诗为走过的几十年工作历程和生活积累作结，似乎是必然又冥冥之中的事。也感到，唯有诗能够简洁而明快地接纳自己的人生体验和感悟。当有时间和精力去打理过往一个个闪动的光点或曾经拨动的心弦时，一切都活灵活现、顺理成章地呈现。这就是蕴藏心底的诗的独有力量吧！诗歌是灵魂的剖白，当社会越来越远离诗境时，起哄和群殴、冷嘲和热讽则成为一种时尚，诗人俨然成了精神不太正常的群体。近期看到的并不太多的影视作品中，竟连续好几部把诗人或诗歌拿来恶意调侃，甚至还有对作家群体的揶揄和取笑。往好处想，这是被有些歪诗带坏了节奏；往深处讲，反映了人心的浮躁和慌乱。诗歌是人生的崇高表达，我不是诗人，但尊重诗人这个创作群体，他们是这个时代鲜活的精灵。我选择用诗的形式记录生活、表达思想，也是借此向他们及他们的创作致敬。在本诗集的写作过程中，我还穿插写作了另一本拙作《人生感悟录》，虽表达方式不同，但面对的同样都是可爱真实的生活。用诗的语言丰富人生感悟；用人生感悟武装自己的诗行，本身已经成为生活的一部分了。

诗歌不同于一般的文学创作，有其独特的表达方式，体现了文学作品较高的格局。从一定程度上说，有些优秀的诗歌作品，其魅力还超越了文学作品本身。有些看似信手拈来的诗作，实际上包含了作者对社会、人生、人性的深度感受和锐利观察，乃至凝聚了创作者穷其一生的所思所悟。现代诗不受格律限制，不过分讲求合辙押韵写起来更加自由，但同古体诗一样，现代诗的内在的逻辑一点都不能少。诗情诗意是跟随一个人一生的不断成长过程的，它嵌入了生活的点点滴滴，而这又同一个人的文化修养密不可分。

从根本上说，诗歌来源于作者个人的生活体验和思考，是某一时间节点灵感的集中点燃。有些诗对读者来说，可能一头雾水，或艰涩难懂，或行文拗口，这更多的是因为生活的体验和理解不同，而不是创作本身。过于直白或平铺直叙，反而失去了诗歌的独特魅力和韵律节拍。埃兹拉·庞德是英美“意象派”诗歌的领军人物，他有一首著名的两行诗《一个地铁车站》：“**人群中这些面孔幽灵一般显现；湿漉漉的黑色枝条上的许多花瓣**。”如果不了解创作背景，一般的读者谁会认为这是一首意象深远的不朽之作呢？我的诗集里也有一首两行诗《花箱》：“**花箱里栽满了各色相互依存的花草；来年拥挤的光阴里它们会不会纠缠**。”如果只从字面上理解，可能看似平淡也无啥新奇，从创作思路看，则包括了丰富内容和背后的哲理。第一句的花箱寓意我们的生存环境，空间不大，但丰富多彩，不是贫瘠的土地，值得我们珍惜。花箱里种着各色的花草，相互扶持依靠，这是一种人人向往的美好景观。第二句则话锋一转，来年时光匆匆，各种植物长高长大了，资源有限，空间拥挤，开始相互争夺生存机会，原来的和谐被打破，相互间的陪伴变成了你争我夺。这一主题小到个人、家庭、朋友，大到世界舞台，不也是一种无奈的存在。写作这首两行诗，也并非凭空杜撰，在我家阳台上有一个很小的花箱，里面被我栽种上了茉莉、杜鹃、桂花、米兰、芍药等不同种类的植物，我戏称其为“花卉试验田”，这首作品的创作灵感正来源于此。

本诗集收录了近400首诗作。每一首诗看似短小，实际上要表达出400种主题和寓意相当不易。对追求完美“洁癖”的我来说，不喜欢诗作“披头散发，不修边幅”，每首诗都经过我的精心打理，也就更加耗时费力。有时候为了一个字、一个词的准确无误花费很多的时间。细心的读者会注意到，我描写“月亮”的诗篇比较多，也是一种发自内心的膜拜。在这个世界上，没有一种东西像月亮一样纯洁无瑕，又对你不离不弃。月亮是大自然最美妙、最伟大的馈赠，有了这份赏月的心情，不就拥有了一剂解除劳累和烦闷的良药吗？谁拥有了这份趣味，谁就多了一份对自然的欢喜热爱，也多了一份人生无处不在的幸福感，比“感时花溅泪”还要沉浸。月亮是一种客观的存在，有些人看到月亮，可能只是“月落月出”的自然现象；有些人看到月亮，可能多了一份淡然、富足、温情，多拥有了一生永不凋谢的花蕊和永不分离的知己，这种满足感让月亮自然成了我诗中的“常客”。

客观地说，诗歌创作与某一时间的状态和思考相关。在某一语境下认为神形兼备的作品，当时间、地点、心情改变后，可能这些诗也变得索然无味或不知所云，甚至怀疑整个的创作状态，导致有些作品反复修改或推倒重来。当事过境迁，又会有新的触动和感受，就需要对改过的作品进行二度、三度创作。在这种不断地修改打磨下，出版的诗集已经与最初的诗稿大相径庭，甚至改动后原貌几近全无。修改不是坏事，但过多地修饰润色，未必就是最佳的选择，有时回过头看以前的作品也有买椟还珠之遗憾。所以，诗歌创作的过程，有时也处在否定之否定、肯定之肯定的交错中，分不清哪里好、哪里不好，你所能把握的只是现时的感受和定格的诗行。惠特曼一生只写了400多首诗，每出版一次，他就修改一遍，由此想，今日得见的惠特曼的诗集，早已不是最初的模样了。

尽管在序言里已经谈到开创美国新一代诗风的惠特曼，这里仍再次感谢他带来的创作灵感。诗不是神奇物，它是生活的别样表达和追求。在惠特曼那里，我找到了诗歌最终的归宿，也为诗歌创作增添了澎湃的激情。诗歌只有融入时代的宏大叙事，才能更有张力活力，也更有生活的厚度和历史的维度。在写作过程中，也促进了我的阅读，与前贤的对话使自己的诗作找到了源头活水，这是写作本诗集的极大收获。除了耳熟能详的中外诗歌名家大师，我甚至找到了现代读者很难了解的唐朝元稹的《元氏长庆集》。阅读学习这些古今中外诗歌作品，找到了心理共鸣和共同的创作追求，身心和情感全无违和之感，仿佛行走在他们之间，仰看非凡的星辰。

选用《幸福与忧伤》作为诗集名，也是一刹那闪入脑际的缘故，我尊重了这种最初的感觉。也曾担心这个书名有不一样的解读，但仔细想想，我们全部的人生不仅拥有幸福，还有不可绕过的艰难困苦。丰富的经历除了风和日丽、春暖花开，还有阴雨连绵、电闪雷鸣；人生时刻要面对生老病死，面对难以预见的地震、山洪、干旱，酷暑和严冬，谁又能避开这些忧虑忧伤呢？想到这些，也就释然。在诗稿正式交给出版社之前，我曾征求了十几位朋友的意见，他们作为第一读者，除了提出具体的修改建议，也充分肯定了这部诗稿的价值。有位年轻的博士给我来信写道："全书的总标题《幸福与忧伤》及四个章集'春草''夏花''秋月''冬雪'，暗示了人的复杂情感和人生的丰富过往。最重要的是作品感情真挚、饱满，有的诗热烈奔放，有的诗浅吟低沉，既有对自然风光的描绘，意境优美、画面感强，又有对社会历史现象的深刻思考解析，有的作品还富有深刻的哲理、学理、禅理。每个篇章都精心安排，整合了不同体裁。作品文风自然，着笔从容，文气充沛，体现了驾驭文字能力高超、娴熟。读完整部诗集，就像喝完了一瓶酱香酒，酸甜苦辣皆有，需要反复地回味。”他的溢美之词让我感到欣喜，因为之前我并没有跟他交流过我的创作思路，作为一名不知情的读者能如此深刻地把握主题并贴切表达了我的思想和趣味，一下子使我的担心落地。他能读懂，我相信陌生的读者朋友也能读懂，让我们一起感受诗歌的无界性和共享的快乐。

写作有时是为了填补某一时段的思维空白，给自己不能得闲的习惯找一个说辞。当你行进在诗歌世界时，手中的笔是纵横的使者，会钩沉起或深或浅、或近或远的片段，并成为面前的素材，供养不塌的精神。用滤镜让生命变得鲜亮，自然能看到不一样的苍穹，追寻到一副混沌初开的模样。清晨阳光普照地响动，世界在笔下开始了崭新轮回，这应是诗歌创作的较高体验吧。在面对千姿百态的生活和修养极高的阅读者时，创作者再好的创作意愿都只是纯粹个人感受和认知。不管作品如何精挑细选，有些作品仍不尽如人意。罗素说，“一部从头到尾都是闪光语言的小说，肯定成不了杰作”。我只能把这句话拿出来自我安慰。虽如此说，尽最大努力去靠近完美，仍是我创作的不懈追求和不竭动力。

感谢生活，感谢朋友和亲人们，感谢出版社编辑的辛苦劳作，一切都是无价之宝。与你们相处的分秒，铢积寸累起丰富的滋养、美好的回忆和感人的过往。用不长的时间进行一次难以忘怀的诗歌写作，是一件多么幸福和志满的事情。当晨曦初照，当夜落黄昏，伴着思绪写出的每一行诗句，都是你们倾情赋予我的感动！

写于2024年1月

